Ethik und Unendliches spürt der Entwicklung des Lévinas'schen Denkens nach. Das Buch, das nun in neuer Auflage erscheint, gilt als die beste Einführung in sein Werk. Emmanuel Lévinas wird heute als der wichtigste Philosoph einer zeitgenössischen Ethik erachtet, die die schrecklichen Erfahrungen des 20. Jahrhunderts berücksichtigen muss. Ethik ist für Lévinas keine Spezialdisziplin der Philosophie, sondern deren Kern. Die in diesem Band enthaltenen zehn Gespräche zwischen Emmanuel Lévinas und Phillippe Nemo folgen der Entwicklung des Denkens von Lévinas, das unter anderem auch für Jacques Derrida ein wichtiger philosophischer Bezugspunkt war. Die Gesprächsform dieses Buches gestattet es Lévinas, immer wieder auf die Verknüpfung seiner philosophischen Themen mit lebens- und zeitgeschichtlichen Erfahrungen hinzuweisen, und macht es zu einer gut lesbaren Darstellung seiner Philosophie.

Emmanuel Lévinas (1906–1995) studierte bei Husserl und Heidegger und lehrte selbst Philosophie in Paris.

ETHIK UND UNENDLICHES

PASSAGEN FORUM

Emmanuel Lévinas
Ethik und Unendliches

Gespräche mit Philippe Nemo

Aus dem Französischen
von Dorothea Schmidt

Herausgegeben von
Peter Engelmann

Passagen Verlag

Titel der Originalausgabe: *Ethique et Infini*
Aus dem Französischen von Dorothea Schmidt

Die Deutsche Bibliothek verzeichnet diese Publikation in der Deutschen Nationalbibliografie; detaillierte bibliografische Daten sind im Internet über http://dnb.ddb.de abrufbar.

ISBN 978-3-7092-0513-6
5. Auflage 2022

http://www.passagen.at
Grafisches Konzept: Gregor Eichinger
Satz: Passagen Verlag Ges. m. b. H., Wien
Druck: Ferdinand Berger & Söhne, 3850 Horn

Inhalt

Vorwort

Die Gespräche, die in diesem Band vorgestellt werden, sind von *France-Culture* im Februar/März 1981 aufgenommen und ausgestrahlt worden. Für die vorliegende Ausgabe wurden sie leicht überarbeitet und vervollständigt. Sie bilden eine knappe Darstellung der Philosophie Emmanuel Lévinas', für die in ihrer Gesamtheit der Titel *Ethik und Unendliches* sicherlich angemessen ist. Die zehn Gespräche folgen der Entwicklung des Denkens Lévinas' von seinen Studienjahren bis zu den jüngsten Aufsätzen, in denen er sich mit der Frage Gottes befasst – Aufsätze, die eben in einem eigenen Band zusammengestellt worden sind[1] – sie berühren dabei zwei kurze, aber wichtige Schriften: *De l'existence à l'existant* und *Le Temps et l'Autre*[2] sowie die beiden philosophischen Hauptschriften: *Totalité et Infini* und *Autrement qu'être ou au-delà de l'essence.*

Trotz ihrer Knappheit – eine Reihe von Aspekten der Philosophie Lévinas' bleiben ausgeklammert – handelt es sich doch um eine in einem besonderen Sinn getreue Darstellung seiner Philosophie. Sie wurde vom Autor nämlich selbst abgefasst, indem er sein Werk unter einem allgemeinen Gesichtswinkel betrachtet und sich bereit gefunden hat, die Ausdrucksweise seiner Argumentation zu vereinfachen; er hat sich nicht hinter seinem Ruf und hinter dem Verzeichnis seines Gesamtwerkes verborgen und hat auf diese Art ein Gegengewicht zur Falschheit und Unvernunft, die an unseren Akademien sonst üblich sind, gesetzt. Die Darstellung ist also getreu im Sinn jener Treue, die ein Diskurs der lebendigen Gegenwart seines Autors verdankt. Lévinas hat, den *Phaidros* von Platon kommentierend, selbst wiederholt auf diese Souveränität und Bescheidenheit dieses Autors, Vaters des Diskurses, der den schriftlichen Diskurs mündlich verteidigte, hingewiesen, ein Diskurs, der, missverstanden und durch Zwischenfragen unterbrochen, von ihm erneut aufs Spiel gesetzt und der Prüfung des Augenblicks unterworfen wird, wobei diese Prüfung durch den gegenwärtigen anderen Menschen erfolgt, für den der Diskurs letztlich bestimmt ist. In diesem Sinn und in dieser Situation bestätigt das *Sagen* des lebendigen Autors das *Gesagte* des niedergeschriebenen Werkes, denn nur er kann das Gesagte widerrufen und damit dessen Wahrheit erhöhen. Wenn der Autor von seinem Denken spricht, entscheidet er, was er wiederholen möchte. Die Zugeständnisse, die er dem Gesprächspartner zuweilen aufgrund von dessen Einwänden macht, lassen um so klarer erkennen, woran er über allem festhält. Das kennzeichnet das Unternehmen, dem Lévinas sich bereitwillig unterzog, indem er unseren Fragen geantwortet hat. Es ist richtig, dass er durch sie nicht dazu aufgefordert wurde, sich über andere Themen als die in seinen Büchern ausführlich behandelten zu äußern – was aber unveröffentlichte Entwicklungen oder Erhellungen der einen oder anderen Art nicht ausschließt. Emmanuel Lévinas ist der Philosoph der Ethik, wahrscheinlich der einzige Moralist des zeitgenössischen Denkens. Diejenigen, die ihn, als wäre die Ethik ein Spezialfach, für einen Spezialisten der Ethik ansehen, werden in diesen wenigen Seiten, noch vor der Lektüre seines Werkes, seine zentrale These kennen lernen: dass die Ethik die Erste Philosophie ist, von der aus die anderen Zweige der Metaphysik ihren Sinn beziehen. Denn die primäre Frage, jene, durch die das Sein zerrissen wird und das Menschliche sich in Form des „Anders-als-Sein“ und Transzendenz der Welt errichtet, jene, ohne die jede andere Befragung des Denkens dagegen nichts als Eitelkeit und leeres Gerede bleibt – das ist die Frage der Gerechtigkeit.

Philippe Nemo

1. Bibel und Philosophie

Wie beginnt man zu denken? Durch Fragen, die man sich selbst und aus sich selbst heraus stellt, als Folge ursprünglicher Ereignisse? Oder durch die Gedanken und Schriften, mit denen man zuerst in Berührung gekommen ist?

Vermutlich beginnt es mit Traumatismen oder Tastversuchen, denen man nicht einmal verbalen Ausdruck verleihen kann: eine Trennung, eine Gewaltszene, ein plötzliches Bewusstsein der Monotonie der Zeit. Mit der Lektüre von Büchern – nicht unbedingt philosophischer Art – werden diese ursprünglichen Schockerlebnisse zu Fragen und Problemen, geben zu denken. Die Rolle der jeweiligen nationalen Literatur kann hier sehr bedeutend sein. Nicht, dass man in ihr Wörter lernt, aber man erlebt in ihr „das wahre Leben, das abwesend ist", das jedoch gerade nicht mehr utopisch ist. Ich denke, man unterschätzt in der großen Furcht vor allem Bücherartigen den „ontologischen" Bezug des Menschlichen zum Buch, das man als Informationsquelle betrachtet oder als „Werkzeug" des Lernens, als *Lehrbuch,* während es doch eine *Art und Weise* unseres Sein darstellt. In der Tat bedeutet Lesen, sich über dem Realismus – oder der Politik – unserer Sorge um uns selbst aufzuhalten, ohne indessen zu den guten Absichten unserer schönen Seelen oder zur normativen Idealität dessen, was „sein muss“, zu gelangen. In diesem Sinn wäre die Bibel für mich das Buch schlechthin.

Was waren dann für Sie die ersten großen Bücher, denen Sie begegnet sind: die Bibel oder die Philosophen?

Die Bibel sehr früh, die ersten philosophischen Texte an der Universität, nach einem vagen Überblick über die Psychologie in der höheren Schule und einer eiligen Lektüre einiger Seiten über den „philosophischen Idealismus“ in einer „Einführung in die Philosophie“. Aber zwischen der Bibel und den Philosophen: die russischen Klassiker Puschkin, Lermontow, Gogol, Turgenjew, Dostojewski und Tolstoi, und auch die großen Schriftsteller des westlichen Europa, vor allem Shakespeare, den ich in Hamlet, Macbeth und König Lear sehr bewundert habe. Ist dies eine gute Vorbereitung auf Platon und Kant, die auf dem Programm für das Diplom für Philosophie stehen, wenn man die Kernfrage der Philosophie als die nach dem Sinn des Menschlichen, wie die Suche nach dem berühmten „Sinn des Lebens“ – nach dem sich die Romanfiguren der russischen Schriftsteller ununterbrochen fragen –, versteht? Man braucht Zeit, um die Übergänge zu erkennen.

Wie haben sich bei Ihnen diese beiden Denkweisen, die biblische und die philosophische, in Übereinstimmung gebracht?

Mussten sie in Übereinstimmung gebracht werden? Das religiöse Gefühl, wie ich es empfangen habe, bestand vielmehr im Respekt vor den Büchern – wobei die Bibel und ihre traditionellen Kommentare auf das Denken von Rabbinern in der Antike zurückgehen –, als in bestimmten Glaubensinhalten. Ich will damit nicht sagen, es wäre ein abgeschwächtes religiöses Gefühl gewesen. Dieses Gefühl, dass die Bibel das Buch* der Bücher ist, wo Primäres gesagt wird, was gesagt werden *musste,* damit das menschliche Leben einen Sinn habe, und dass dies in einer Form gesagt wird, durch die den Kommentatoren die eigentlichen Dimensionen der Tiefe eröffnet wurden, das war nicht eine einfache Ersetzung eines literarischen Urteils durch ein Bewusstsein vom „Heiligen". Eben diese außerordentliche Präsenz von Personen, diese ethische Fülle und diese geheimnisvollen Möglichkeiten der Exegese bedeuteten für mich ursprünglich Transzendenz. Und nichts Geringeres als das. Es ist gar nicht unbedeutend, die Hermeneutik mit all ihren Kühnheiten als religiöses Leben und als Liturgie zu erkennen und zu empfinden. Die Texte der großen Philosophen scheinen mir angesichts der Bedeutung, die der Interpretation bei ihrer Lektüre zukommt, der Bibel eher nahe als ihr entgegengesetzt zu sein, selbst wenn die Konkretheit der biblischen Themen sich nicht unmittelbar in den philosophischen Schriften widerspiegelt. Aber ich hatte in meinen Anfängen nicht den Eindruck, dass die Philosophie in ihrem Wesen atheistisch ist, und ich glaube es auch heute noch nicht. Und wenn Bibelverse für die Philosophie keine Beweiskraft mehr haben, so kann doch der Gott dieser Verse Maßstab des Geistes* für den Philosophen bleiben, trotz aller anthropomorphischen Metaphern des Textes.

Man kann tatsächlich Ihr späteres Werk als den Versuch interpretieren, das Wesentliche der biblischen Theologie mit der philosophischen Tradition und ihrer Sprache in Übereinstimmung zu bringen. Es muss doch bei Ihnen zwischen den beiden „Bibliotheken" mehr gegeben haben ah eine friedliche Koexistenz?

Ich habe niemals angestrebt, die beiden Traditionen „in Übereinstimmung zu bringen" oder sie zu „versöhnen". Wenn sie sich in Übereinstimmung befunden haben, so wahrscheinlich deshalb, weil jedes philosophische Denken auf vor-philosophischen Erfahrungen beruht und die Lektüre der Bibel bei mir zu diesen Erfahrungen gründender Art gehört hat. Sie hat also bei meiner Art, philosophisch zu denken, das heißt zu denken, indem man sich an alle Menschen wendet, eine wesentliche Rolle gespielt – und das größtenteils, ohne dass ich es wusste. Aber was für mich die religiöse Tiefe der Gründungserfahrung der Bibel ausmacht, ist auch das scharfe Bewusstsein, dass die von ihr erzählte Heilige Geschichte nicht einfach eine Reihe abgeschlossener Ereignisse darstellt, sondern dass sie in unmittelbarer Beziehung zu dem Schicksal der jüdischen Versprengung in der Welt steht. Jeder intellektuelle Zweifel bezüglich des impliziten Dogmatismus in dem einen oder anderen Punkt dieses alten Buches verlor seinen Sinn und seine Wirkungen in dem, was immer noch an Ernst in der realen jüdischen Geschichte besteht. In meinen Augen hat die abendländische philosophische Tradition in keinem Moment ihr Recht auf das letzte Wort verloren; denn in der Tat muss alles in ihrer Sprache (*langue*) ausgedrückt werden; aber vielleicht ist nicht sie der Ort des ersten Sinns der Seienden, der Ort, wo das Vernünftige beginnt.

Kommen wir zu dieser Tradition. Welche Philosophen haben Sie zuerst gelesen?

Wie ich Ihnen sagte, hatte ich die großen russischen Schriftsteller gelesen, bevor ich mein Philosophiestudium in Frankreich begonnen habe. Der ernsthafte Kontakt mit spezifisch philosophischer Literatur und mit Philosophen – das war in Straßburg. Als Achtzehnjähriger bin ich dort vier Professoren begegnet, mit denen in meiner Vorstellung ein unvergleichliches Prestige verbunden ist: Charles Blondel, Maurice Halbwachs, Maurice Pradines und Henri Carteron. Das waren Männer! Ein naiver Ausruf, der mir jedes Mal wieder in den Sinn kommt, wenn ich mich an diese so reichen Jahre erinnere, die in meinem Leben durch nichts widerrufen werden konnten. Maurice Halbwachs hat unter der Besatzung einen Märtyrertod erlitten. In Berührung mit diesen Meistern wurden mir die großen Tugenden der intellektuellen Redlichkeit und der Intelligenz, aber auch der Klarheit und Eleganz der französischen Universität offenbart. Einführung in die großen Philosophen Platon und Aristoteles, Descartes und die Cartesianer, Kant. Noch kein Hegel in diesen Zwanzigerjahren an der Philosophischen Fakultät in Straßburg! Durkheim und Bergson dagegen erschienen mir besonders lebendig in ihrer Lehrtätigkeit und in der Aufmerksamkeit der Studenten. Sie waren es, die man zitierte, sie waren es, denen man sich entgegenstellte. Sie waren unbestritten die Lehrer unserer Meister gewesen.

Stellen Sie das soziologische Denken eines Durkheim auf die gleiche Ebene wie das eigentliche philosophische Denken eines Bergson?

Es sah so aus, als ob Durkheim eine experimentelle Soziologie einführen würde. Aber sein Werk erschien auch als „rationale Soziologie“: als Ausarbeitung der fundamentalen Kategorien des Sozialen, als das, was man heute eine „Eidetik der Gesellschaft“ nennen würde; Ausgangspunkt war der Leitgedanke, das Soziale lasse sich nicht auf die Summe individueller Psychologien zurückführen. Durkheim als Metaphysiker! Die Idee, dass das Soziale die eigentliche Ordnung des Geistigen, eine neue Verwicklung im Sein über dem animalen und menschlichen Psychismus darstelle; die Ebene der „Kollektivvorstellungen“, mit Nachdruck definiert, die die Dimension des Geistes im individuellen Leben selbst eröffnet, wo das Individuum überhaupt erst erkannt und sogar befreit werden kann. In einem bestimmten Sinn gibt es bei Durkheim eine Theorie der „Ebenen von Sein“, der jeweiligen Irreduzibilität dieser Ebenen aufeinander: eine Idee, die ihren ganzen Sinn im Husserlschen und Heideggerschen Kontext entfaltet.

Sie haben auch Bergson angeführt. Was ist Ihrer Meinung nach sein wichtigster Beitrag zur Philosophie?

Die Theorie der Dauer. Die Zerstörung des Primats der Uhrzeit; die Idee, dass die Zeit der Physik nur abgeleitet ist. Ohne diese Behauptung der nicht nur psychologischen, sondern in gewisser Weise „ontologischen“ Priorität der Dauer, die irreduzibel zur homogenen und linearen Zeit ist, hätte Heidegger seine Konzeption der endlichen Zeitlichkeit des *Daseins*** nicht wagen können, trotz der radikalen Differenz, die den Bergsonschen Zeitbegriff selbstverständlich vom Heideggerschen trennt. Bergson allein kommt das Verdienst zu, die Philosophie vom bestechenden Modell der wissenschaftlichen Zeit befreit zu haben.

Aber welche Frage oder welche Unruhe persönlicher Art ist durch die Lektüre von Bergson bei Ihnen angesprochen worden?

Sicherlich das Entsetzen, sich in einer Welt ohne mögliche Neuheiten zu befinden, ohne eine Zukunft der Hoffnung, in einer Welt, in der alles von vornherein geregelt ist; das antike Entsetzen vor dem Schicksal, und wäre es dasjenige des universellen Mechanismus, einem absurden Schicksal, da doch das, was passieren wird, in einem gewissen Sinn schon passiert ist! Bergson dagegen hob die eigene und irreduzible Realität der Zeit hervor. Ich weiß nicht, ob die modernsten Wissenschaften uns immer noch in eine Welt hineinstellen wollen, in der es „nichts Neues" gibt. Ich denke, dass sie uns zumindest die Erneuerung ihrer eigenen Horizonte zusichert. Aber es war Bergson, der uns die Geistigkeit des Neuen, das vom Phänomen befreite „Sein" in einem „Anders-als-Sein" gelehrt hat.

Was wollten Sie in der Philosophie machen, nachdem Sie Ihr Studium beendet hatten?

Sicher wollte ich „Philosophie machen", aber was konnte das bedeuten, abgesehen von einer ausschließlich pädagogischen Tätigkeit oder von der Eitelkeit, Bücher fabrizieren zu wollen? Soziologie als empirische Wissenschaft betreiben, so wie Durkheim es verlangte und seinen Schülern empfahl, entsprechend der von ihm ausgearbeiteten *a priori* ? Bergsons Werk, das fertig, vollendet, perfekt wie ein Gedicht war, wiederholen oder dessen Variationen vorstellen? Bei Husserl habe ich den konkreten Sinn der eigentlichen Möglichkeit, „Philosophie zu machen", entdeckt, ohne sich von vornherein in einem System von Dogmen eingeschlossen zu finden, aber auch ohne gleichzeitig Gefahr zu laufen, nur durch chaotische Intuitionen weiterzukommen. Ein Eindruck von Öffnung und Methode zugleich; ein Gefühl der Angemessenheit und Legitimität einer Fragestellung und philosophischen Forschung, die man betreiben möchte, „ohne aus der Reihe zu treten". Das war zweifellos der erste Anreiz seiner Botschaft, jener, der sich in *Die Philosophie als strenge Wissenschaft* ausdrückt. Es war aber nicht aufgrund dieses etwas formellen Versprechens, dass ich mich von seinem Werk einnehmen ließ.

Wie sind Sie mit Husserls Werk in Berührung gekommen?

Rein zufällig. In Straßburg hatte mir eine junge Kommilitonin, Mlle. Peiffer, mit der ich später die Übersetzung der *Cartesianischen Meditationen* von Husserl geteilt hatte und die damals das so genannte *mémoire* für das Diplom der Höheren Studien über Husserl vorbereitete, einen Text, den sie las, empfohlen – ich glaube, es waren die *Logischen Untersuchungen*. Ich habe diese Lektüre, die anfangs sehr schwierig war, mit großer Aufmerksamkeit aufgenommen, aber auch mit großer Ausdauer, und ohne Anleitung. Nach und nach hat sich Husserls essentielle Wahrheit in meinem

Geist abgezeichnet, und ich glaube noch heute an sie, auch wenn ich mich, seiner Methode folgend, nicht an alle seine Schulrezepte halte.

In erster Linie die Möglichkeit, *sich zu besinnen***, sich zu fassen oder wieder zu fassen, klar und deutlich die Frage zu stellen: „Woran sind wir?“, den Ort bestimmen. Möglicherweise ist gerade das die Phänomenologie in ihrem weitesten Sinn und jenseits der Vision des Wesens, der *Wesensschau***, die so viel Aufsehen erregt hat. Eine radikale und eigensinnige Reflexion über sich selbst, ein *cogito,* das sich sucht und beschreibt, ohne sich durch irgendeine Spontaneität oder fertige Präsenz täuschen zu lassen, aus einem erheblichen Misstrauen gegenüber dem, was sich dem Wissen als natürlich aufdrängt, was Welt und Objekt ausmachen, aber dessen Objektivität in Wirklichkeit den sie fixierenden Blick vermauert und versperrt. Von dieser Objektivität aus muss man immer zum gesamten Horizont der Gedanken und Intentionen, die die Objektivität anstreben und die dieser ein Dorn im Auge sind und von ihr vergessen werden, zurückgehen. Die Phänomenologie ist die Erinnerung dieser vergessenen Gedanken – dieser Intentionen; volles Bewusstsein, Rückkehr zu den unterschwelligen – missverstandenen – Intentionen des Denkens, das in der Welt ist. Eine vollständige, für die Wahrheit notwendige Reflexion, selbst wenn ihre tatsächliche Ausübung die Grenzen in Erscheinung treten lassen würde. Gegenwärtigkeit des Philosophen – ohne Illusion, ohne Rhetorik – gegenüber den Dingen in ihrer wahren Verfasstheit, die gerade erhellt werden soll, der Sinn ihrer Objektivität, ihres Seins, wobei nicht nur die Frage nach dem „Was ist das?“ beantwortet werden soll, sondern auch die Frage: „Wie ist das, was ist, was bedeutet es, dass es ist?“

In der Erinnerung der empörenden Intentionen des Denkens ist die Methodologie der phänomenologischen Arbeit auch am Ursprung einiger Ideen, die mir für jede philosophische Analyse unerlässlich erscheinen. Es handelt sich um die neue Kraft, die der mittelalterlichen Idee von der Intentionalität des Bewusstseins verliehen wird: Jedes Bewusstsein ist Bewusstsein von etwas, ist nicht beschreibbar ohne Bezugnahme zu dem Objekt, das es „beansprucht“. Intentionale Gerichtetheit, die kein *Wissen* ist, die aber innerhalb von Gefühlen oder Bestrebungen in ihrer eigentlichen Dynamik als „affektiv“ oder „aktiv“ bestimmt wird. Dies ist im Rahmen des abendländischen Denkens der erste radikale Einspruch gegen die Priorität des Theoretischen, und der von Heidegger in aufsehenerregender Weise, insbesondere in seiner Beschreibung des Werkzeugs, übernommen wurde. Die korrelative Idee der Intentionalität ist ebenfalls charakteristisch für die Phänomenologie: die jeweiligen Bewusstseinsmodi im Zugang zu den Dingen sind *wesentlich* vom Wesen der Dinge abhängig. Gott selbst kann ein materielles Ding nur erkennen, indem er es umkreist. Das Sein bestimmt den Zugang zum Sein. Der Zugang zum Sein gehört zur Beschreibung des Seins. Ich denke, dass damit auch Heidegger angekündigt wird.

Indes ist es für jemanden wie Sie, der sein ganzes Werk auf die Metaphysik als Ethik ausgerichtet hat, wahrscheinlich, direkt von Husserl wenig zu übernehmen, da das bevorzugte Gebiet seiner

Betrachtungen doch sehr viel mehr die Welt und ihre Beschaffenheit als der Mensch und sein Schicksal ist?

Sie vergessen bei Husserl die Wichtigkeit der axiologischen Intentionalität, von der ich eben gesprochen habe; die Eigenschaft des Wertes ist mit einem Wesen nicht als Folge der Modifikationen eines *Wissens* verbunden, sondern entspringt einer spezifischen Haltung des Bewusstseins, einer nicht-theoretischen Intentionalität, die von vornherein irreduzibel für das Erkennen ist. Es handelt sich hier um eine husserlianische Möglichkeit, die jenseits dessen entwickelt werden könnte, was Husserl selbst bezüglich des ethischen Problems und der Beziehung zum Anderen gesagt hat, wobei diese Beziehung bei ihm repräsentativ bleibt (wenn auch Merleau-Ponty versucht hat, sie anders zu interpretieren). Die Beziehung zum Anderen kann als irreduzible Intentionalität angestrebt werden, selbst wenn man darin schließlich den Bruch mit der Intentionalität sehen muss.

Gerade das sollte der Weg Ihres Denkens werden. Haben Sie Husserl gekannt?

Ich war ein Jahr lang sein Hörer in Freiburg. Er war gerade in Pension gegangen, unterrichtete aber noch. Ich hatte die Möglichkeit, an ihn heranzutreten, und er hat mich liebenswürdig empfangen. Die Konversation mit ihm bestand in dieser Zeit, nach einigen Fragen oder Antworten des Studenten, im Monolog eines Meisters, der sich darum bemühte, die grundlegenden Elemente seines Denkens in Erinnerung zu rufen. Aber manchmal ließ er sich auch zu besonderen, phänomenologischen

Analysen hinreißen, die erstmalig waren und Bezug auf die zahlreichen unveröffentlichten Manuskripte nahmen. Das *Husserl-Archiv* in Löwen, das auf Initiative und unter Anleitung meines hervorragenden und schmerzlich vermissten Freundes Pater Van Breda entstanden ist, hat vieles davon lesbar und zugänglich gemacht. Die Vorlesungen, die ich gehört habe, hatten 1928 den Begriff der phänomenologischen Psychologie und im Winter 1928/29 die Konstitution der Intersubjektivität zum Inhalt.

2. Heidegger

Als Sie nach Freiburg kamen, um Husserls Vorlesungen zu hören, entdeckten Sie einen Philosophen, den Sie vorher nicht gekannt haben, der aber für die Ausarbeitung Ihres Denkens eine zentrale Bedeutung bekommen sollte: Martin Heidegger.

In der Tat habe ich *Sein und Zeit*[3] entdeckt, das rund um mich herum gelesen wurde. Ich entwickelte für dieses Buch sehr bald eine große Bewunderung. Es ist eines der schönsten Bücher in der Geschichte der Philosophie – ich sage das nach einigen Jahren des Nachdenkens. Eines der schönsten neben vier oder fünf anderen . . .

Welche sind das?

Zum Beispiel der *Phaidros* von Platon, die *Kritik der reinen Vernunft* von Kant, die *Phänomenologie des Geistes* von Hegel; auch *Zeit und Freiheit* von Bergson. Meine Bewunderung für Heidegger ist vor allem eine Bewunderung für *Sein und Zeit.* Ich versuche immer wieder, mich in die Atmosphäre dieser Vorlesungen hineinzuversetzen, damals, als 1933 noch undenkbar war.

Man spricht üblicherweise vom Wort Sein (*être*), als wäre es ein Substantiv, obwohl es das Verb schlechthin ist. Auf französisch sagt man *l'être* (*das* Sein) oder *un être* (*ein* Seiendes). Mit Heidegger ist die „Verbalität" des Wortes Sein wiedererweckt worden, das, was in ihm Ereignis, was in ihm das „Geschehen" des Seins ist. So als würden die Dinge und alles, was ist, „eine Seinsweise führen", „einen Beruf des Seins ausüben". An diese verbale Klangfülle hat Heidegger uns gewöhnt. Diese Umerziehung unseres Hörens, auch wenn sie heutzutage banal erscheint, ist unvergesslich! Die Philosophie wäre folglich – selbst wenn sie dem nicht Rechnung getragen hat – ein Versuch der Antwort auf die Frage nach der Bedeutung von Sein als Verb gewesen. Während Husserl für die Philosophie noch ein transzendentales Programm vorschlug – oder vorzuschlagen schien –, definierte Heidegger die Philosophie im Verhältnis zu den anderen Weisen der Erkenntnis klar als „Fundamentalontologie".

Was bedeutet in diesem Kontext Ontologie?

Sie ist eben das Verstehen des Verbs „sein". Demnach würde sich die Ontologie von allen Disziplinen unterscheiden, die das, *was* ist, nämlich die Wesen (*êtres*), das heißt die „Seienden", ihre Natur, ihre Beziehungen untersuchen – und die dabei vergessen, dass sie bereits den Sinn des Wortes Sein verstanden haben, wenn sie vom Seienden sprechen, ohne ihn jedoch eindeutig formuliert zu haben. Diese Disziplinen kümmern sich nicht um eine derartige explizite Formulierung.

Sein und Zeit *ist 1927 erschienen; war es eine absolute Neuigkeit zu dieser Zeit, die Aufgabe der Philosophie in dieser Weise darzustellen?*

Das ist auf jeden Fall der Eindruck, der mir davon geblieben ist. Sicherlich kommt es in der Geschichte der Philosophie vor, dass man hinterher Tendenzen auffindet, die rückblickend die großen Neuerungen von heute anzukündigen scheinen; aber diese bestehen zumindest darin, etwas zu thematisieren, das bis dahin nicht aufgeworfen worden ist. Eine Thematisierung, die Genie verlangt und eine neue Sprache (*langage*) mit sich bringt.

Die Arbeit, die ich über die „Theorie der Intuition" bei Husserl gemacht habe, war daher in dem Maße durch *Sein und Zeit* beeinflusst, als ich versuchte, Husserl als jemanden darzustellen, der das ontologische Problem von Sein gesehen hatte, und zwar eher in der Frage nach der *Verfasstheit* des Seienden als nach seiner *Washeit*. Wie ich damals sagte, widmet sich die phänomenologische Analyse, indem sie die Konstitution des Realen für das Bewusstsein untersucht, nicht so sehr der Erforschung der transzendentalen Bedingungen im idealistischen Sinne des Wortes, als sie die Frage nach der Bedeutung des Seins des „Seienden" in den verschiedenen Bereichen der Erkenntnis aufwirft.

Bei den Analysen der Angst, der Sorge, des Seins zum Tode in *Sein und Zeit* erleben wir eine souverän ausgeführte phänomenologische Übung mit. Diese Übung ist äußerst brillant und überzeugend. Sie zielt darauf ab, das Sein oder das Existieren des Menschen – nicht seine Natur – zu beschreiben. Sicherlich ist das, was man den Existentialismus genannt hat, von *Sein und Zeit* bestimmt worden. Heidegger mochte es nicht, wenn man seinem Buch diese existentialistische Bedeutung gab; die menschliche Existenz interessierte ihn als „Ort" der Fundamentalontologie; aber die Analyse der Existenz, so wie sie in diesem Buch durchgeführt worden ist, hat die später als „existentialistisch“ bezeichneten Analysen geprägt und bestimmt.

Was hat Sie bei Heideggers phänomenologischer Methode besonders berührt?

Die Intentionalität, die das Sein (*l'exister*)[4] selbst belebt, genauso wie eine ganze Reihe von „Seelenzu-ständen“, die vor der Heideggerschen Phänomenolo-gie als „blind“, als einfache Inhalte galten; die Stellen über die Affektivität, über die *Befindlichkeit*** und, zum Beispiel, über die Angst: Einer banalen Untersuchung erscheint die Angst als eine affektive Bewegung ohne Ursache oder genauer, „ohne Objekt“; nun ist in der Heideggerschen Analyse gerade die Tatsache, dass sie kein Objekt hat, von Bedeutung. Die Angst scheint der authentische und angemessene Zugang zum Nichts zu sein, das den Philosophen als abgeleiteter Begriff, als Ergebnis einer Negation erscheinen konnte, und vielleicht, wie bei Bergson, als illusorisch. Für Heidegger „erreicht“ man das Nichts nicht über eine Reihe theoretischer Schritte, sondern es gibt zu ihm einen unmittelbaren und irreduziblen Zugang über die Angst. Die Existenz selbst wird – wie durch die Wirkung einer Intentionalität – durch einen Sinn, den vorrangigen ontologischen Sinn des Nichts, belebt. Es entstammt nicht dem, was man *über* das Schicksal des Menschen, *über* dessen Ursachen oder *über* seine Ziele wissen kann; in der Angst bedeutet die Existenz als Ereignis der Existenz selbst das Nichts, als hätte das Verb Existieren ein direktes Objekt.

Sein und Zeit ist das eigentliche Modell der Ontologie geblieben. Die Heideggerschen Begriffe Endlichkeit,

Dasein, Sein zum Tode usw. bleiben grundlegend. Selbst wenn man sich von der systematischen Strenge dieses Denkens freimacht, bleibt man durch den Stil selbst der Analysen von *Sein und Zeit* sowie durch die „Kardinalpunkte“, auf die sich die „Existenzialanalytik“ bezieht, geprägt. Ich weiß, dass die Huldigung, die ich *Sein und Zeit* erweise, den enthusiastischen Anhängern dieses großen Philosophen blass erscheinen wird. Aber ich denke, dass durch *Sein und Zeit* auch das spätere Werk Heideggers gültig bleibt, das keinen vergleichbaren Eindruck bei mir hinterlassen hat. Nicht, wie Sie sich sicher vorstellen können, weil es unbedeutend wäre; aber es ist sehr viel weniger überzeugend. Ich sage das nicht wegen des politischen Engagements von Heidegger, das er einige Jahre nach *Sein und Zeit* eingegangen ist, obwohl ich dieses Engagement nie vergessen habe und Heidegger sich in meinen Augen von der Schuld an seiner Beteiligung am Nationalsozialismus nie befreit hat.

Inwiefern enttäuscht Sie der zweite Teil des Heideggerschen Werkes?

Vielleicht aufgrund des Verschwindens der eigentlichen Phänomenologie darin; aufgrund der Vorrangigkeit, die in seinen Analysen die Exegese der Poesie Hölderlins und die Etymologie zu beanspruchen beginnen. Natürlich weiß ich, dass in seinem Denken die Etymologie nicht zufällig ist; für ihn enthält die Sprache eine Weisheit, die explizit gemacht werden muss. Aber diese Denkweise scheint mir sehr viel weniger kontrollierbar zu sein als die von *Sein und Zeit* – ein Buch, in dem tatsächlich bereits Etymologien vorkommen, aber sie sind hier nebengeordnet und dienen nur dazu, das zu vervollständigen, was das außerordentlich Starke in der eigentlichen Analyse und in der Phänomenologie der Existenz ausmacht.

Hat für Sie die Sprache nicht diese ursprüngliche Wichtigkeit?

In der Tat, für mich zählt das *Gesagte* nicht so viel wie das *Sagen* selbst. Das Sagen ist für mich weniger aufgrund eines Inhalts an Informationen als aufgrund der Tatsache, dass es sich an einen Gesprächspartner richtet, von Bedeutung. Aber darauf werden wir zurückkommen. Trotz dieser Einschränkungen denke ich, dass jemand, der im 20. Jahrhundert den Versuch unternimmt zu philosophieren, nicht umhin kann, die Philosophie Heideggers zu durchqueren, und sei es nur, um sich von ihr zu entfernen. Dieses Denken ist ein großes Ereignis unseres Jahrhunderts. Philosophieren, ohne Heidegger zu kennen, würde etwas von der „Naivität" im Husserlschen Sinn enthalten: Für Husserl gibt es sehr achtenswerte und sichere Erkenntnisse, die wissenschaftlichen Erkenntnisse, die aber in dem Maße „naiv" sind, als sie das Problem des Status der Objektivität des Objekts außer acht lassen, indem sie von ihm völlig in Anspruch genommen sind.

Alles andere gleichgesetzt, würden Sie dann von Heidegger das sagen, was Sartre über den Marxismus gesagt hat: dass er den unüberschreitbaren Horizont unserer Zeit darstellt?

Es gibt viele Dinge, die ich auch Marx nicht verzeihen kann . . . Was Heidegger betrifft, so kann man die

Fundamentalontologie und ihre Problematik in der Tat nicht ignorieren.

Dennoch gibt es heute eine heideggerianische Scholastik . . .

. . . die die unerwarteten Wendungen seines Denkweges für die allerletzten Bezugspunkte des Denkens hält.

Ich muss noch einen anderen wesentlichen Beitrag von Heideggers Denken hervorheben: eine neue Art und Weise, die Geschichte der Philosophie zu lesen. Die Philosophen der Vergangenheit waren schon durch Hegel aus ihrem Archaismus befreit worden. Aber sie traten in das „absolute Denken" als Momente oder als Etappen ein, die man zu durchqueren hatte; sie wurden *aufgehoben*** , das heißt rundweg vernichtet und zugleich konserviert. Bei Heidegger gibt es eine neue, direkte Art, im Dialog mit den Philosophen zu stehen und die großen Klassiker durchaus in Bezug auf aktuelle Erkenntnisse in Anspruch zu nehmen. Selbstverständlich bietet sich der Philosoph der Vergangenheit nicht von vornherein dem Dialog an; man muss eine erhebliche Interpretationsarbeit leisten, um ihn zu aktualisieren. Aber bei dieser Hermeneutik wird nicht mit Altem hantiert; man führt das Ungedachte zum Gedachten und zum Sagen zurück.

3. Das „Es-gibt"

Indem Sie Aufsätze und Werke über Husserl und Heidegger veröffentlicht haben, waren Sie zunächst Philosophiehistoriker oder Analytiker anderer Philosophen. Aber das erste Buch, in dem Sie Ihr eigenes Denken zum Ausdruck bringen, ist eine kleine Schrift mit dem Titel De l'existence à l'existant.[5] *Sie haben sie während des Krieges verfasst, im Stalag,*[6] *wie Sie in Ihrem Vorwort sagen. Um welches Thema geht es darin?*

Es geht um das, was ich das „es gibt" (*il y a*) nenne. Ich wusste nicht, dass Apollinaire ein Werk mit dem Titel *Il y a* geschrieben hatte. Aber bei ihm bedeutet dieser Ausdruck die Freude über das, was existiert, den Überfluss, ein bisschen wie das Heideggersche *„es gibt"***. Dagegen stellt für mich das „es gibt" das Phänomen des unpersönlichen Seins dar: „es". Meine Reflexion über dieses Thema geht von Kindheitserinnerungen aus. Man schläft alleine, und die Erwachsenen setzen das Leben fort; das Kind empfindet die Stille seines Schlafzimmers als „lärmend".

Eine lärmende Stille?

Etwas, dem ähnlich, was man hört, wenn man eine leere Muschel an sein Ohr hält, als wäre die Leere voll, als wäre die Stille ein Lärm. Etwas, das auch nachempfunden werden kann, indem man denkt, dass, selbst wenn nichts wäre, die Tatsache des „es gibt“ nicht geleugnet werden könnte. Nicht, dass dies oder das wäre; aber die eigentliche Szene des Seins ist offen: es gibt. Die absolute Leere, die man sich vor der Schöpfung vorstellen kann – es gibt.

Sie haben eben das deutsche „es gibt“** *in Erinnerung gerufen, und wie es in Heideggers Analyse als Sichgeben bestimmt wird, da ja in diesem* „es gibt“** *das Verb* geben** *vorkommt. Liegt hingegen für Sie kein Sichgeben im „es gibt“?*

Ich beharre tatsächlich auf der Unpersönlichkeit des „es gibt“; „es gibt“, so wie „es regnet“ oder „es ist Nacht“. Und bezüglich dessen gibt es weder Freude noch Überfluss. Ein Lärm, der nach jeglicher Negation dieses Lärms wiederkehrt. Weder Nichts noch Sein. Manchmal verwende ich den Ausdruck: der ausgeschlossene Dritte. Man kann von diesem andauernden „es gibt“ nicht sagen, dass es ein Ereignis des Seins wäre. Man kann aber von ihm auch nicht sagen, es wäre das Nichts, obwohl nichts ist. In *De l'existence à l'existant* versuche ich, diese schreckliche Sache zu beschreiben, und ich beschreibe sie im übrigen als Schrecken und Verwirrung.

Das Kind, das in seinem Bett das Andauern der Nacht erlebt, macht eine Erfahrung des Schreckens . . .

. . . die aber dennoch keine Angst ist. Das Buch ist mit einem Streifen erschienen, auf den ich schreiben ließ: „Wo es nicht um die Angst geht“. Im Jahr 1947 begann man in Paris viel über die Angst zu reden . . .

In diesem Buch werden auch andere Erfahrungen, die dem „es gibt“ nahe sind, beschrieben, insbesondere die der Schlaflosigkeit. In der Schlaflosigkeit kann man sagen und gleichzeitig auch wiederum nicht, es gebe ein „Ich“, das nicht dazu kommt, zu schlafen. Die Unmöglichkeit, aus der Wachheit herauszutreten, ist etwas „Objektives“, etwas von meiner Initiative Unabhängiges. Diese Unpersönlichkeit saugt mein Bewusstsein auf; das Bewusstsein wird entpersönlicht. Nicht ich wache; „es“ wacht. Vielleicht ist der Tod eine absolute Negation – wo „die Musik aus ist“ (im übrigen weiß man davon nichts). Aber in der verwirrenden „Erfahrung“ des „es gibt“ hat man den Eindruck einer völligen Unmöglichkeit, da herauszukommen und „die Musik anzuhalten“.

Dies ist ein Thema, das ich bei Maurice Blanchot wieder gefunden habe, auch wenn er nicht von einem „es gibt“ spricht, sondern von einem „Neutralen“ oder von einem „Außerhalb“. Es handelt sich dabei um eine Reichhaltigkeit von sehr suggestiv wirkenden Ausdrücken: Er spricht vom „Durcheinander“ des Seins, von seinem „Rauschen“, von seinem „Murmeln“. Eine Nacht im Hotelzimmer, wo, hinter der Trennwand, „es nicht aufhört, sich zu rühren“; „man weiß nicht, was die nebenan da machen“. Etwas dem „es gibt“ sehr Nahes. Es geht nicht mehr um „Seelen-Zustände“, sondern um das Ende des objektivierenden Bewusstseins, um eine Inversion des Psychologischen. Das ist vermutlich das wahre Thema seiner Romane und Erzählungen.

Wollen Sie damit sagen, dass es in den Arbeiten von Blanchot weder eine Psychologie noch eine Soziologie gibt, sondern eine Ontologie? Denn in diesem „es gibt“, sei es schrecklich oder nicht, ist doch das, was auf dem Spiel steht, das Sein?

Bei Blanchot ist das kein Sein mehr und auch nicht mehr ein „Etwas", und dabei muss man immer widerrufen, was man sagt – es ist ein Ereignis, das weder Sein noch Nichts ist. In seinem letzten Buch[7] nennt es Blanchot „Desaster", was weder Tod noch Unheil bedeutet, sondern eine Art Sein, das sich von seiner Unverrückbarkeit des Seins, von seinem Bezug zu einem Stern, zu jeglicher kosmologischer Existenz losgelöst zu haben scheint – ein *Des-Aster.* Er gibt dem Substantiv Desaster einen fast verbalen Sinn. Es scheint für ihn unmöglich zu sein, aus dieser verwirrenden, bedrückenden Situation herauszukommen. Die Ideen, die mir heute etwas bedeuten, sind in dem kleinen Buch von 1947, von dem wir im Moment sprechen, noch auf der Suche nach sich selbst, genauso wie in dem darauf folgenden von 1948 unter dem Titel *Die Zeit und der Andere*; es tauchen Intuitionen auf, die mehr einen Weg als ein Ziel markieren. Was sich als Erfordernis herausgestellt hat, ist der Versuch des Heraustretens aus dem „es gibt", des Heraustretens aus dem Nicht-Sinn. In *De l'existence à l'existant* habe ich andere Modalitäten des Seins untersucht, und zwar in ihrem verbalen Sinn: die Müdigkeit, die Faulheit, die Anstrengung. Ich *zeigte* in diesen Phänomenen ein Entsetzen vor dem Sein auf, ein ohnmächtiges Zurückweichen, eine Flucht, und infolgedessen – auch da noch – den Schatten des „es gibt".

Was war dann die „Lösung", die Sie vorschlugen?

Meine erste Idee war, dass das „Seiende", das „Etwas", auf das man mit dem Finger zeigen kann, möglicherweise einer Beherrschung des „es gibt", das im Sein

Schrecken verursacht, entspricht. Ich sprach daher vom Seienden oder vom bestimmten Existierenden als einer Dämmerung der Klarheit gegenüber der Entsetzlichkeit des „es gibt“, als eines Momentes, in dem die Sonne aufgeht, in dem die Dinge für sich selbst erscheinen, in dem sie nicht vom „es gibt“ getragen werden, sondern dieses beherrschen. Sagt man nicht, der Tisch ist, die Dinge sind? Man bindet damit das Sein an das Seiende (*l'existant*), und schon beherrscht das Ich darin die Seienden (*existants*), die es besitzt. Ich sprach daher von der „Hypostase“ der Seienden (*existants*), das heißt des Übergangs vom *Sein* zu einem *Etwas,* vom Zustand des Verbs zum Zustand der Sache. Das Sein, das sich setzt, dachte ich, wäre dadurch „gerettet“. In Wirklichkeit war dieser Gedanke nur ein erster Schritt. Denn das Ich, das existiert, wird durch alle diese von ihm beherrschten Seienden (*existants*) behindert. Die Behinderung der Existenz war die Form, die für mich die berühmte Heideggersche „Sorge“ annahm.

Von daher eine andere Bewegung: Um aus dem „es gibt“ herauszutreten, ist es nicht notwendig, sich zu setzen, sondern sich ab-zusetzen; einen Akt der Absetzung zu vollziehen, in dem Sinne wie man von abgesetzten Königen spricht. Diese Ab-setzung der Souveränität durch das *Ich* ist die soziale Beziehung zum *Anderen*[8], die selbst-lose (*dés-inter-essé*) Beziehung. Ich schreibe sie in drei Wörtern, um das Heraustreten des Seins hervorzuheben, das mit ihr gemeint ist. Ich misstraue dem Wort „Liebe“, das verdorben ist, aber die Verantwortlichkeit für den *Anderen,* das Für-den-Anderen-Sein erweckte für mich von dieser Zeit an den Eindruck, das anonyme und sinnlose Rauschen des Seins aufzuhalten. Die Befreiung vom „es gibt“ schien mir genau in dieser Art von Beziehung zu liegen: Seit sich mir das aufgedrängt und in mir Klarheit angenommen hat, habe ich in meinen Büchern nicht mehr vom „es gibt“ für sich selbst gesprochen. Aber der Schatten des „es gibt“ und des Nicht-Sinns schien mir immer noch not-wendig als eigentliche Prüfung der Selbstlosigkeit (*dés-inter-essement*).

4. Die Einsamkeit des Seins

Nach De l'existence à l'existant *haben Sie* Die Zeit und der Andere *geschrieben, ein Band, der vier Vorträge enthält, die Sie im* Collège de Philosophie *von Jean Wahl gehalten haben. Was hat Sie dazu veranlasst, diese Vorträge zu halten?*

Jean Wahl – dem ich viel verdanke – war allem auf der Spur, was einen Sinn hatte, selbst wenn sich dies außerhalb der Formen bewegte, die traditionellerweise für seinen Ausdruck bestimmt waren. Besonders interessierte er sich für die Kontinuität zwischen Kunst und Philosophie. Er dachte, dass es notwendig wäre, neben der *Sorbonne* die Möglichkeit zu schaffen, dass nicht-akademische Reden gehört werden konnten. Zu diesem Zweck hatte er daher das *Collège* im *Quartier Latin* gegründet. Es war der Ort, wo intellektueller Nonkonformismus – und sogar das, was sich dafür hielt – toleriert und erwartet wurde.

Blieben Sie zu dieser Zeit, im Jahre 1948, als sich viele Geister nach dieser großen Umwälzung durch den Krieg und durch die Befreiung dem sozialen Aspekt der Probleme zuwandten, Ihrem metaphysischen Projekt treu?

Sicherlich, aber vergessen Sie nicht, dass es die Epoche war, in der Jean-Paul Sartre und Maurice Merleau-

Ponty den philosophischen Horizont beherrschten, in der die deutsche Phänomenologie Frankreich erreichte, in der Heidegger begann, bekannt zu werden. Man debattierte nicht nur über soziale Probleme; es gab eine Art allgemeine Öffnung und eine Neugierde bezüglich allem. Ich glaube übrigens nicht, dass die reine Philosophie rein sein kann, ohne auf das „soziale Problem“ einzugehen.

Die Zeit und der Andere ist eine Untersuchung über die Beziehung zum *Anderen*, insofern diese die Zeit als Element enthält; so als wäre die Zeit die Transzendenz, als wäre sie die Öffnung schlechthin zum *Anderen* und zum Anderen*. Diese These über die Transzendenz – als Dia-Chronie gedacht – wo das Selbe* bezüglich des Anderen* nicht-indifferent ist, ohne es in irgendeiner Weise einzuschließen nicht einmal durch eine im höchsten Maße formale Übereinstimmung innerhalb einer schlichten Gleichzeitigkeit –, wo die Fremdheit der Zukunft nicht von vornherein in ihrem Bezug zur Gegenwart beschrieben werden kann, wo diese eine Zu-Kommende (*à-venir*) wäre und bereits in einer Pro-Tention antizipiert werden würde – diese These (die mich heute sehr beschäftigt) habe ich damals, vor dreißig Jahren, nur undeutlich geahnt. In *Die Zeit und der Andere* habe ich sie ausgehend von einer Reihe eher unmittelbarer Erkenntnisse behandelt, durch die einige Elemente des Problems vorbereitet wurden, so wie ich heute sehe.

„Das Ziel dieser Vorlesungen“, *schreiben Sie auf der ersten Seite*, „besteht darin zu zeigen, dass die Zeit nicht das Faktum eines isolierten und einsamen Subjektes, sondern das Verhältnis des Subjektes zum anderen ist."[9] *Dies ist eine sonderbare Art des Beginnens: denn das bedeutet, davon auszugehen, dass sich die Einsamkeit an sich als Problem darstellt.*

Die Einsamkeit war ein „existentialistisches" Thema. Damals wurde die Einsamkeit als Verzweiflung der Einsamkeit beschrieben, oder als Vereinzelung in der Angst. Das Buch stellt einen Versuch dar, aus dieser Vereinzelung des Existierens herauszukommen, so wie das Buch davor der Versuch war, aus dem „es gibt" herauszukommen. Auch hier gibt es zwei Etappen. Ich untersuche zuerst das „Hinaustreten" in die Welt, in die Erkenntnis. Meine Bemühungen bestehen darin zu zeigen, dass das Wissen in Wirklichkeit eine Immanenz ist und es durch das Wissen keinen Bruch in der Vereinzelung des Seins gibt; dass man sich andererseits innerhalb des Austauschs von Wissen neben dem *Anderen* befindet, mit ihm nicht konfrontiert ist, ihm nicht unmittelbar gegenübersteht. Aber in einer direkten Beziehung zum *Anderen* stehen, bedeutet, weder den *Anderen* zu thematisieren und ihn auf die gleiche Weise wie einen bekannten Gegenstand zu betrachten noch ihm eine Erkenntnis zu übermitteln. In Wirklichkeit ist die Tatsache des Seins das Allerprivateste; die Existenz ist das einzige, das ich nicht mitteilen kann; ich kann von ihr erzählen, aber ich kann meine Existenz nicht teilen. Die Einsamkeit erscheint hier also als Vereinzelung, die das eigentliche Ereignis des Seins markiert. Das Soziale liegt jenseits der Ontologie.

Sie schreiben: „Es ist banal zu sagen, dass wir niemals im Singular existieren. Wir sind umgeben von Seienden und Dingen, zu denen wir Beziehungen unterhalten.

Durch das Sehen, durch das Berühren, durch die Sympathie, durch die Arbeit im allgemeinen sind wir *mit* den anderen. Alle diese Beziehungen sind transitiv; ich berühre einen Gegenstand, ich sehe den Anderen; aber ich *bin* nicht der Andere."[10]

Hier wird die Infragestellung dieses *mit* als Möglichkeit des Heraustretens aus der Einsamkeit formuliert. Versinnbildlicht „existieren mit" ein wirkliches Teilen der Existenz? Wie könnte dieses Teilen realisierbar sein? – Oder auch (denn das Wort „Teilen" würde bedeuten, dass die Existenz zur Kategorie des Habens gehörte): gibt es eine Teilnahme am Sein, die uns aus dieser Einsamkeit heraustreten ließe?

Man kann teilen, was man hat, aber man kann nicht teilen, was man ist?

Genauso besteht bei Heidegger das grundlegende Verhältnis zum Sein nicht in der Beziehung zum *Anderen*, sondern in der zum Tod, wo alles Nicht-Authentische in der Beziehung zum *Anderen* aufgegeben wird, da man alleine stirbt.

Sie setzen fort: „Ich bin völlig allein. Es ist also das Sein in mir, die Tatsache, dass ich existiere, mein Existieren, welches das absolut intransitive Element, etwas ohne Intentionalität, etwas ohne Bezug, konstituiert. Man kann zwischen Seienden alles austauschen, nur nicht das Existieren. In diesem Sinn heißt sein, sich durch das Existieren isolieren. Insofern ich bin, bin ich Monade. Durch das Existieren und nicht durch irgendeinen Inhalt, der unmittelbar in mir wäre, bin ich ohne Tür und ohne Fenster. Wenn ein Inhalt unmitteilbar ist, dann deswegen, weil er in meinem Sein verwurzelt ist, in dem, was das Allerprivateste in mir ist. Und zwar derart, dass jede Erweiterung meiner Erkenntnis, meiner Ausdrucksmittel ohne Auswirkung auf meine Beziehung zum Existieren bleibt, die eine Beziehung der Innerlichkeit par excellence ist."[11]

Man muss dennoch verstehen, dass die Einsamkeit als solche nicht das Hauptthema dieser Überlegungen darstellt. Sie ist nur eine der Markierungen des Seins. Es geht nicht darum, aus der Einsamkeit herauszutreten, wohl aber, *aus dem Sein* herauszutreten.

Die erste Lösung ist daher das Heraustreten aus sich selbst, so wie es in der Erkenntnis und in dem, was Sie die „Nahrung" nennen, als Bezug zur Welt erfolgt.

Ich verstehe darunter jegliche irdische Nahrung: die Freuden, mittels derer das Subjekt seine Einsamkeit hintergeht. Der Ausdruck selbst, „seine Einsamkeit hintergehen", weist auf den illusorischen und gänzlich scheinhaften Charakter dieses Aus-sich-Heraustretens hin. Was die Erkenntnis betrifft: Sie ist von ihrem Wesen her eine Beziehung zu dem, dem man gleicht und das man umschließt, dessen Andersheit[12] man aufhebt, das immanent wird, weil es meinem Maß und meinem Maßstab entspricht. Ich denke an Descartes, der sagte, das *cogito* könnte sich die Sonne und den Himmel verschaffen; das einzige, was es sich nicht verschaffen könnte, wäre die Idee vom Unendlichen. Die Erkenntnis ist immer eine Entsprechung zwischen Denken und Gedachtem. Letztlich liegt im Bereich der Erkenntnis eine Unmöglichkeit, aus sich selbst herauszutreten; von daher kann die Sozialität (*socialité*) nicht die gleiche Struktur haben wie die Erkenntnis.

Es handelt sich hier um etwas Paradoxes. Im Gegensatz dazu ist für das gewöhnliche Bewusstsein die Erkenntnis, schon fast von ihrer Definition her das, was uns aus uns heraustreten lässt. Statt dessen behaupten Sie, dass wir in unserer Erkenntnis, selbst jener der Sterne, dessen, was am weitesten weg ist, im Element des „Selben" bleiben?

Die Erkenntnis wurde immer schon als Assimilation interpretiert. Auch die überraschendsten Entdeckungen werden schließlich absorbiert, aufgenommen, mit allem, was an „Nehmen" im „Aufnehmen" liegt. Die kühnste und entfernteste Erkenntnis bringt uns nicht mit dem wirklich Anderen in Verbindung; sie ersetzt die Sozialität nicht; sie ist noch und immer eine Einsamkeit.

Sie sprechen in diesem Zusammenhang über die Erkenntnis wie über ein Licht: Was beleuchtet wird, wird dadurch auch angeeignet.

Oder kann angeeignet werden. Bis zu den entferntesten Sternen.

Ist, im Unterschied dazu, das Heraustreten aus der Einsamkeit eine Enteignung oder eine Entnahme?

Die Sozialität ist eine Art des Heraustretens, die anders verläuft als über die Erkenntnis. Der Beweis ist in diesem Buch nicht zu Ende geführt worden, aber es war die Zeit, die mir damals als eine Erweiterung der Existenz vorkam. Das Buch zeigt in der Beziehung zum *Anderen* zunächst Strukturen, die nicht auf die Intentionalität reduziert werden können. Es stellt die Husserlsche Idee in Frage, dass die Intentionalität die eigentliche Geistigkeit des Geistes repräsentieren würde. Und das Buch versucht, innerhalb dieser Beziehung die Rolle der Zeit zu erfassen: Die Zeit ist nicht einfach die Erfahrung einer Dauer, sondern ein Dynamismus, der uns über die Dinge, die wir besitzen, hinausführt. Als gäbe es in der Zeit eine Bewegung jenseits dessen, was uns gleicht. Die Zeit als Beziehung zur unerreichbaren Andersheit und somit als Unterbrechung des Rhythmus und seiner Wiederkehr. Die beiden wesentlichen Analysen, die diese These in *Die Zeit und der Andere* stützen, sind die erotische Beziehung auf der einen Seite, eine Beziehung – ohne ein Ineinanderaufgehen – mit der Andersheit des Weiblichen, und auf der anderen Seite die Beziehung der Vaterschaft, die von mir zu einem Anderen geht, der in einem gewissen Sinn noch ich und dennoch ein ganz Anderer ist; eine Zeitlichkeit, die sich der Konkretheit und dem logischen Paradoxon der Fruchtbarkeit annähert. Beziehungen mit der Andersheit, die sich von denen abheben, in denen das Selbe* den Anderen* dominiert oder aufsaugt oder umschließt und deren Modell das Wissen ist.

5. Die Liebe und die Kindesbeziehung

Die erste Analyse, in der die Beziehung zum Anderen mit dem Modell des von einem Objekt Kenntnis nehmenden Subjekts bricht, wäre also jene, die den Eros betrifft, trotz der Metaphern, die suggerieren, dass Liebe Erkenntnis sei. Wäre die Andersheit des Anderen so bedeutungsvoll wie die Zukunft der Zeit?

Im *Eros* kommt zwischen Seienden überschwänglich eine Andersheit zum Ausdruck, die sich nicht auf eine logische oder numerische Differenz reduziert, welche formal jedes Individuum von irgendeinem anderen unterscheidet. Aber die erotische Andersheit beschränkt sich ebenso wenig auf jene, die zwischen vergleichbaren Seienden den verschiedenen Attributen geschuldet ist, die sie unterscheiden. Für ein männliches Wesen ist das Weibliche nicht nur aufgrund seiner unterschiedlichen Natur anders, sondern auch insofern die Andersheit in gewissem Sinn seine Natur ist. In der erotischen Beziehung handelt es sich nicht um ein anderes Attribut im *Anderen,* sondern um ein Attribut der Andersheit in ihm. In *Die Zeit und der Andere,* wo Männliches und Weibliches nicht als neutrale Gegenseitigkeit gedacht werden, die ihren inter-personalen Umgang bestimmen würde, wo das Ich des Subjekts in seiner Männlichkeit gesetzt wird und wo sogar die Suche – ist das ein reiner Anachronismus? – nach der eigentlichen ontologischen Struktur der Weiblichkeit aufgenommen wird (darüber werde ich später noch ein paar Worte sagen), da wird das Weibliche als das *Von-sich-Andere* beschrieben, als Ursprung des eigentlichen Begriffs der Andersheit. Was bedeuten schon die letztendliche Stichhaltigkeit dieser Ansichten und die wichtigen Korrekturen, die sie erfordern! Sie erlauben es zu begreifen, in welchem Sinn – der nicht auf den der numerischen oder der natürlichen Differenz zu reduzieren ist – die Andersheit, welche die erotische Beziehung bestimmt, gedacht werden kann. In dieser Beziehung wird die Andersheit, die sich in ihr überschwenglich ausdrückt, durch nichts reduziert. Ganz im Gegensatz zur Erkenntnis, die die Unterdrückung der Andersheit ist und die im „absoluten Wissen" von Hegel die „Identität des Identischen mit dem Nicht-Identischen" feiert, verschwinden die Andersheit und die Dualität in der Liebesbeziehung nicht. Die Idee einer Liebe, welche das Ineinanderaufgehen zweier Seienden wäre, ist eine falsche romantische Idee. Das Pathos der erotischen Beziehung besteht in der Tatsache, zu zweit zu sein, wobei der Andere absolut anders ist.

*Wäre es das Den-*Anderen*-nicht-Kennen, das die Beziehung ausmachen würde?*

Das Nicht-Kennen ist hier nicht als ein *Entzug* der Erkenntnis zu verstehen. Die Unvorhersehbarkeit ist nur im Verhältnis zur Erkenntnis die Form der Andersheit. Für diese ist das andere im wesentlichen das, was unvorhersehbar ist. Aber die Andersheit im *Eros* ist nicht gleichbedeutend mit Unvorhersehbarkeit. die Liebe ist nicht Liebe wegen eines Scheiterns des Wissens.

Hier sind einige Zeilen aus jenem Kapitel von Die Zeit und der Andere, *das der Liebesbeziehung gewidmet ist:* „Der Unterschied der Geschlechter ist auch keine Dualität zweier komplementärer Bezugspunkte, denn zwei komplementäre Bezugspunkte setzen ein präexistentes Ganzes voraus. Zu sagen, dass die geschlechtliche Dualität ein Ganzes voraussetze, hieße, von vornherein die Liebe als Verschmelzen zu setzen. Die Leidenschaftlichkeit der Liebe besteht jedoch in einer unüberwindlichen Dualität der Seienden. Es ist ein Verhältnis zu dem, das sich für immer entzieht. Das Verhältnis neutralisiert nicht *ipso facto* die Anderheit; sondern bewahrt sie ... Das andere als anderes ist hier nicht ein Objekt, das das unsrige wird oder das wir sind; es zieht sich im Gegenteil in sein Geheimnis zurück ... Worauf es mir ankommt in dieser Auffassung des Weiblichen, das ist nicht das Unerkennbare, sondern ein Seinsmodus, der darin besteht, sich dem Licht zu entziehen. Das Weibliche ist ein Ereignis in der Existenz, das verschieden ist von dem des räumlichen Transzendierens oder des Ausdrucks, die auf das Licht zugehen. Es ist eine Flucht vor dem Licht. Die Existenzweise des Weiblichen besteht darin, sich zu verbergen, und diese Tatsache des Sich-Verbergens ist genau die Schamhaftigkeit. Deshalb besteht diese Anderheit des Weiblichen nicht in einem einfachen Außerhalbsein als Objekt. Sie ist auch nicht aus einem Gegensatz von Willen gebildet ...

Das Transzendieren des Weiblichen besteht darin, sich anderswohin zurückzuziehen, eine Bewegung, die der Bewegung des Bewusstseins entgegengesetzt ist. Aber es ist deshalb nicht unbewusst oder unterbewusst, und ich sehe keine andere Möglichkeit als die, es Geheimnis zu nennen. Wenn wir den anderen als Freiheit setzen und ihn in Begriffen des Lichts denken, sind wir verpflichtet, das Misslingen der Kommunikation einzugestehen; doch haben wir damit nur das Misslingen der Bewegung, die eine Freiheit zu ergreifen oder zu besitzen sucht, eingestanden. Nur dadurch, dass wir das aufzeigen, wodurch der Eros sich vom Besitzen und vom Können unterscheidet, können wir eine Kommunikation im Eros zugeben. Er ist weder ein Kampf noch ein Verschmelzen noch ein Erkennen. Man muss seine außergewöhnliche Stellung unter den Verhältnissen anerkennen. Er ist das Verhältnis zur Anderheit, zum Geheimnis, das heißt zur Zukunft, zu dem, was in einer Welt, in der alles da ist, niemals da ist . . ." [13]

Sehen Sie, diese letzte Aussage bestätigt das Bemühen, die Zeit und das Andere zusammen zu denken. Auf der anderen Seite erscheinen alle diese Anspielungen auf die ontologischen Unterschiede zwischen dem Männlichen und dem Weiblichen möglicherweise weniger archaisch, wenn sie, statt die Menschheit in zwei Gattungen (oder in zwei Geschlechter) zu teilen, bedeuten würden, dass die Teilhabe am Männlichen oder am Weiblichen das Eigentümliche eines jeden menschlichen Wesens sei. Wäre das der Sinn der rätselhaften Bibelstelle aus der Genesis l, 27. „. . . und schuf sie einen Mann und ein Weib"?

Sie fahren mit einer Analyse der Wollust fort: „Aber das, was liebkost wird, wird, im eigentlichen Sinne, nicht berührt. Es ist nicht das Samtweiche oder die angenehme Wärme dieser in der Berührung gegebenen Hand, die von der Liebkosung gesucht wird. Dieses Suchen der Liebkosung stellt gerade dadurch, dass die Liebkosung nicht weiß, was sie sucht, ihr Wesen dar. Dieses ‚nicht wissen', dieses grundlegende Nicht-hingeordnet-sein-auf ist das Wesentliche an ihr. Sie ist wie ein Spiel mit etwas, das sich entzieht, wie ein Spiel, das absolut und ohne Entwurf und Plan ist, ein Spiel, nicht mit dem, was das Unsrige und zu einem Wir werden kann, sondern mit etwas anderem, etwas immer anderem, immer Unzugänglichem, immer Zu-Kommendem. Die Liebkosung ist die Erwartung dieser reinen Zukunft, dieser Zukunft ohne Inhalt."[14]

Es gibt ein zweites Bild einer Beziehung zum Anderen, die keine Beziehung der Erkenntnis ist und auf authentische Weise das Heraustreten aus dem Sein verwirklicht, und die ebenfalls die Dimension der Zeit in sich einschließt: die Kindesbeziehung.

Die Kindesbeziehung ist noch geheimnisvoller: Sie ist eine Beziehung zum *Anderen,* wo der Andere radikal anders ist, und wo er dennoch, in einer gewissen Weise, Ich ist; das Ich des Vaters hat mit einer Andersheit zu tun, welche die seinige ist, ohne Besitz oder Eigentum zu sein.

Sie sagen, dass der Sohn Möglichkeiten darstellt, die für den Vater unmöglich und dennoch seine Möglichkeiten sind?

Ich habe eines Tages bei Jean Wahl einen Vortrag über die Kindesbeziehung gehalten, dem ich den Titel *Jenseits des Möglichen* gegeben habe, als würde mein Sein in der Fruchtbarkeit – und von der Möglichkeit der Kinder aus – die Möglichkeiten, die in die Natur eines Seienden eingeschrieben sind, überschreiten. Ich möchte betonen, was das für einen Umsturz bedeuten würde, zum einen bezüglich der ontologischen und sogar der logischen Bedingung der Substanz, zum anderen bezüglich der transzendentalen Subjektivität.

Sehen Sie darin ein im eigentlichen Sinn ontologisches Merkmal und nicht nur einen psychologischen Unfall oder vielleicht eine List der Biologie?

Ich glaube, dass die psychologischen „Unfälle" von der Art sind, in der sich die ontologischen Beziehungen zeigen. Das Psychologische ist keine Peripetie.

Die Tatsache, die Möglichkeiten des Anderen als die eigenen anzusehen, aus der Abgeschlossenheit der eigenen Identität und aus dem, was einem zugeteilt ist, zu etwas, was einem nicht zugeteilt und dennoch von einem selbst ist, herauszutreten – das ist die Vaterschaft. Diese Zukunft jenseits meines eigenen Seins, konstituierende Dimension der Zeit, erhält einen konkreten Inhalt in der Vaterschaft. Diejenigen, die keine Kinder haben, sollten darin keineswegs irgendeine Herabsetzung sehen; die biologische Kindesbeziehung ist nichts als die erste Gestalt der Kindesbeziehung; aber man kann die Kindesbeziehung sehr wohl als Verhältnis zwischen menschlichen Wesen ohne biologische Verwandtschaftsverhältnisse begreifen. Man kann dem *Anderen* gegenüber eine väterliche Haltung einnehmen. Den Anderen als seinen Sohn ansehen, damit ist gerade die Herstellung jener Art von Beziehung zu ihm gemeint, die ich als „jenseits des Möglichen" bezeichne.

Können sie für derartige geistige Kindesbeziehungen Beispiele nennen? Gibt es etwas dieser Art in der Beziehung vom Lehrer zum Schüler?

Kindesbeziehungen und Brüderlichkeit – elterliche Beziehungen ohne biologische Grundlagen – gängige Metaphern in unserem täglichen Leben. Die Beziehung vom Lehrer zum Schüler reduziert sich nicht darauf, enthält aber diese Elemente sicherlich.

Sie schreiben: „Die Vaterschaft ist das Verhältnis zu einem Fremden, der, obwohl er der andere ist, Ich ist; das Verhältnis des Ich zu einem Ich-selbst, das mir dennoch fremd ist. Denn der Sohn ist nicht einfach mein Werk, wie ein Gedicht oder wie ein fabrizierter Gegenstand; er ist auch nicht mein Eigentum.

Weder die Kategorie des Könnens noch die des Habens können das Verhältnis zum Kind anzeigen. Weder der Begriff der Ursache noch der Begriff des Eigentums erlauben es, die Tatsache der Fruchtbarkeit zu erfassen. Ich *habe* mein Kind nicht; ich *bin* auf gewisse Weise mein Kind. Nur haben die Worte ‚ich bin' hier eine von der eleatischen oder platonischen verschiedene Bedeutung. Es gibt eine Vielfalt und ein Transzendieren in diesem Verb ‚existieren', ein Transzendieren, das selbst den kühnsten existentialistischen Analysen entgeht. Auf der anderen Seite ist der Sohn nicht irgendein Ereignis, das mir widerfährt, wie zum Beispiel meine Traurigkeit, mein Unglück oder mein Leiden. Er ist ein Ich, er ist eine Person. Schließlich ist die Anderheit des Sohnes nicht die eines alter ego. Die Vaterschaft ist keine Sympathie, durch die ich mich an die Stelle meines Sohnes setzen kann. Ich bin mein Sohn durch mein Sein und nicht durch die Sympathie ... Nicht nach der Kategorie der Ursache, sondern nach der Kategorie des Vaters bildet sich also die Freiheit und vollzieht sich die Zeit ...

Die Vaterschaft ist nicht einfachhin eine Erneuerung des Vaters im Sohn und seine Verschmelzung mit ihm, sie ist auch das Außerhalbsein des Vaters in Bezug auf den Sohn, ein pluralistisches Existieren."[15]

6. Geheimnis und Freiheit

Wir werden heute über Totalité et Infini *sprechen, ein Buch aus dem Jahre 1961, das, zusammen mit* Autrement qu'être ou au-delà de l'essence, *eines Ihrer wichtigsten philosophischen Werke darstellt. Der Titel enthält in sich selbst ein Problem oder eine Fragestellung. Inwiefern besteht zwischen „Totalität" und „Unendlichem" ein Gegensatz?*

In der Kritik, die gerade in der Verbindung dieser beiden Wörter enthalten ist, gibt es einen Bezug zur Geschichte der Philosophie. Diese Geschichte kann als Versuch einer universellen Synthese interpretiert werden, als Reduzierung aller Erfahrung, alles Sinnvollen auf eine Totalität, in der das Bewusstsein die Welt umfasst, außerhalb seiner selbst nichts übrig lässt und auf diese Weise absolutes Denken wird. Das Bewusstsein von sich ist zugleich Bewusstsein vom Ganzen. Gegen diese Totalisierung hat es in der Geschichte der Philosophie wenig Proteste gegeben. Was mich betrifft, so habe ich zum ersten Mal eine radikale Kritik der Totalität in der Philosophie von Franz Rosenzweig, die im wesentlichen eine Diskussion über Hegel ist, gefunden. Diese Kritik geht von der Erfahrung des Todes aus; in dem Maße, in dem das in die Totalität eingegliederte Individuum weder die Angst vor dem Tod besiegt noch auf sein besonderes Schicksal verzichtet hat, fühlt es sich in der Totalität unbehaglich oder, wenn man so will, hat sich die Totalität nicht „totalisiert“. Bei Rosenzweig gibt es also in der Suche nach dem Vernünftigen ein Zerbersten der Totalität und die Eröffnung eines ganz anderen Weges.

Ein Weg, den die abendländische Philosophie nicht erkundet und dem gegenüber sie in massiver Weise den der Systeme bevorzugt hat?

Das kennzeichnet in der Tat das gesamte Vorgehen der abendländischen Philosophie, das in die Philosophie von Hegel mündet, die vollkommen zu Recht als Endergebnis der Philosophie überhaupt erscheinen kann. Man kann in der abendländischen Philosophie, in der das Geistige und das Vernünftige immer im Wissen angesiedelt werden, überall diese Nostalgie der Totalität sehen. Als wäre die Totalität verloren gegangen und dieser Verlust wäre eine Sünde des Geistes. Damit ist die allumfassende Sicht des Wirklichen die Wahrheit, und hierin liegt auch die volle Befriedigung für den Geist.

Scheint Ihnen diese umgreifende Sicht, die also für die großen philosophischen Systeme charakteristisch wäre, im Widerspruch zu einer anderen Erfahrung von Sinn zu stehen?

Die irreduzible und letztendliche Erfahrung der Beziehung scheint mir in der Tat woanders zu liegen: nicht in der Synthese, sondern im Von-Angesicht-zu-Angesicht der Menschen, in der Sozialität im moralischen Sinn. Aber man muss verstehen, dass die Moral nicht eine zweite Schicht oberhalb einer abstrakten Reflexion über die Totalität und ihre Gefahren ist; die Moral hat eine unabhängige und vorrangige Tragweite. Die Erste Philosophie ist eine Ethik.

Im Gegensatz zu der Idee, dass aller Sinn letztendlich in einem einzigen Wissen totalisiert werden kann, gibt es Dinge, die Sie als „nicht-synthetisierbar" bezeichnen. Handelt es sich dabei um ethische Situationen?

Das Nicht-Synthetisierbare schlechthin ist sicherlich die Beziehung zwischen Menschen. Man kann sich fragen, ob die Idee Gottes, vor allem so, wie sie von Descartes gedacht wird, einer Totalität des Seins angehören könnte, oder ob sie nicht vielmehr eine Transzendenz bezüglich des Seins sei. Der Begriff „Transzendenz" bezeichnet gerade die Tatsache, dass man Gott und das Sein nicht zusammendenken kann. Desgleichen geht es bei der interpersonalen Beziehung nicht darum, mich und den Anderen zusammen zu denken, sondern einander gegenüberzustehen. Die wirkliche Bindung oder das wirkliche Zusammensein ist nicht ein Zusammensein der Synthese, sondern ein Zusammensein Von-Angesicht-zu-Angesicht.

Sie zitieren in Ihrem Buch noch ein anderes Beispiel des Nicht-Synthetisierbaren. Ein menschliches Leben, einschließlich Geburt und Tod, kann von jemandem anderen aufgeschrieben werden, von jemandem, der selbst eben nicht tot ist, den Sie den Überlebenden oder Historiker nennen. Nun sieht jeder, dass es einen irreduziblen Unterschied gibt zwischen dem Verlauf des eigenen Lebens und dem, was davon in der chronologischen Abfolge der Ereignisse der Geschichte und der Welt verzeich-

net wird. Bilden also mein Leben und die Geschichte keine Totalität?

In der Tat sind diese beiden Gesichtspunkte absolut nicht-synthetisierbar. Zwischen den Menschen fehlt diese Sphäre des Gemeinsamen, die die Voraussetzung für jede Synthese bildet. Das gemeinsame Element, das von einer objektivierten Gesellschaft zu sprechen erlaubt und durch das der Mensch den Dingen ähnlich ist und sich wie diese individualisiert, ist nicht primär. Die wirkliche menschliche Subjektivität ist nicht erkennbar, wie Leibniz sagt, und daher sind die Menschen nicht wie Individuen einer Gattung zusammen. Man hat das schon immer gewusst, indem man vom Geheimnis der Subjektivität sprach; aber dieses Geheimnis ist von Hegel ins Lächerliche gezogen worden: so zu sprechen, das war etwas für das romantische Denken . . .

Gibt es Totalitarismus im Denken der Totalität, weil das Geheimnis darin unzulässig ist?

In der Tat ist meine Kritik an der Totalität infolge einer politischen Erfahrung entstanden, die wir noch nicht vergessen haben.

Lassen Sie uns von politischer Philosophie sprechen. In Totalité et Infini *versuchen Sie, die „Sozialität" auf etwas anderem als auf dem globalen und synthetischen Begriff „der" Gesellschaft zu gründen. Sie schreiben folgenden Satz:* „Das Reale darf nicht nur in seiner historischen Objektivität bestimmt werden, sondern auch ausgehend vom Geheimnis, das die Kontinuität der historischen Zeit von den inneren Intentionen her unterbricht. Der Pluralismus der Gesellschaft ist nur auf der Grundlage dieses Geheimnisses möglich."[16] *Eine Gesellschaft, welche die Bürgerrechte respektiert, könnte daher nicht einfach als Fundament den „Liberalismus" haben, eine objektive Theorie der Gesellschaft, die postuliert, eine Gesellschaft würde am besten funktionieren, wenn man den Dingen freien Lauf ließe. Ein derartiger Liberalismus würde die Freiheit von einem objektiven Prinzip abhängig machen, nicht aber vom wesentlichen Geheimnis der Lebenden. Die Freiheit wäre damit zur Gänze bloß relativ: Es würde genügen, objektiv nachzuweisen, dass eine bestimmte Art der Organisation in politischer oder ökonomischer Hinsicht die höchste Effizienz bewirken könnte, um die Freiheit ohne Stimme zurückzulassen. Braucht es, um eine authentisch freie Gesellschaft zu begründen, nichts weniger als die metaphysische Idee des „Geheimnisses"?*

Totalité et Infini ist mein erstes Buch, das in diese Richtung geht. In ihm wollte ich das Problem des Inhalts der intersubjektiven Beziehung aufwerfen. Denn was wir bisher darüber gesagt haben, ist nur negativ. Worin besteht in positiver Weise diese andersartige „Sozialität" gegenüber der totalen und ad-ditionalen Sozialität? Das war es, was mich in der Folge beschäftigt hat. Im Vergleich zu dem, was mir heute als das Wesentliche erscheint, bleibt der Satz, den Sie vorgelesen haben, noch ziemlich formal.

Denn man sollte aus dem, was ich eben gesagt habe, nicht den Schluss ziehen, ich würde die Vernunft und das Streben der Vernunft nach Universalität in irgendeiner Weise unterschätzen. Ich versuche nur, die Notwendigkeit eines rationalen Sozialen aus den Ansprüchen des Intersubjektiven selbst, so wie ich es beschreibe, abzuleiten. Es ist äußerst wichtig zu erkennen, ob die Gesellschaft im üblichen Sinn das

Ergebnis einer Beschränkung des Prinzips, dass der Mensch des Menschen Wolf ist, darstellt oder ob sie im Gegensatz dazu aus der Beschränkung des Prinzips, dass der Mensch *für* den Menschen da ist, hervorgeht. Stammt das Soziale mit seinen Institutionen, seinen universellen Formen, seinen Gesetzen daher, dass man die Folgen des Krieges zwischen den Menschen limitiert hat oder dass man die Unendlichkeit limitiert hat, die sich in der ethischen Beziehung zwischen Mensch und Mensch eröffnet?

Im ersten Fall geht es um eine Vorstellung von Politik, die daraus eine interne Regulierung der Gesellschaft macht, so wie in einer Gesellschaft von Bienen und Ameisen; dies ist eine naturalistische und „totalitäre" Vorstellung. Handelt es sich im zweiten Fall um eine Regulierung höherer Art, die anderer, ethischer Natur wäre, eine Überwölbung der Politik?

Die Politik muss in der Tat immer von der Ethik aus kontrollierbar und kritisierbar bleiben. Diese zweite Form der Sozialität würde dem Geheimnis, das für jeden das eigene Leben darstellt, Gerechtigkeit widerfahren lassen, ein Geheimnis, das nicht an der isolierenden Abgeschlossenheit eines irgendwie streng privaten Bereiches abgeschlossener Innerlichkeit festhielte, vielmehr ein Geheimnis, das an der Verantwortung für den *Anderen* festhielte, die von ihrer ethischen Herkunft her nicht übertragbar ist, der man sich nicht entzieht und die daher das Prinzip der absoluten Individualisierung darstellt.

7. Das Antlitz

In Totalité et Infini *sprechen Sie lange über das Antlitz. Es ist eines Ihrer häufigsten Themen. Worin besteht und wozu dient diese Phänomenologie des Antlitzes, das heißt diese Analyse dessen, was sich ereignet, wenn ich den Anderen von Angesicht zu Angesicht anblicke?*

Ich weiß nicht, ob man von einer „Phänomenologie" des Antlitzes sprechen kann, denn die Phänomenologie beschreibt das, was erscheint. Auch frage ich mich, ob man von einem Blick sprechen kann, der auf das Antlitz gerichtet wäre, denn der Blick ist Erkenntnis, Wahrnehmung. Ich denke vielmehr, dass der Zugang zum Antlitz von vornherein ethischer Art ist. Wenn Sie eine Nase, Augen, eine Stirn, ein Kinn sehen und sie beschreiben können, dann wenden Sie sich dem *Anderen* wie einem Objekt zu. Die beste Art, dem *Anderen* zu begegnen, liegt darin, nicht einmal seine Augenfarbe zu bemerken. Wenn man auf die Augenfarbe achtet, ist man nicht in einer sozialen Beziehung zum *Anderen.* Die Beziehung zum Antlitz kann gewiss durch die Wahrnehmung beherrscht werden, aber das, was das Spezifische des Antlitzes ausmacht, ist das, was sich nicht darauf reduzieren lässt.

Zunächst gibt es da die eigentliche Geradheit des Antlitzes, seine gerade, schutzlose Darbietung. Die

Haut des Gesichtes ist die, die am meisten nackt, am meisten entblößt bleibt. Am meisten nackt, obgleich von dezenter Nacktheit. Auch am meisten entblößt: Im Antlitz gibt es eine wesentliche Armut; der Beweis dafür liegt im Versuch, diese Armut zu maskieren, indem man Posen, eine bestimmte Haltung annimmt. Das Antlitz ist exponiert, bedroht, als würde es uns zu einem Akt der Gewalt einladen. Zugleich ist das Antlitz das, was uns verbietet, zu töten.

Kriegserzählungen besagen tatsächlich, dass es schwer ist, jemanden zu töten, der einem ins Gesicht blickt.

Das Antlitz ist Bedeutung, und zwar Bedeutung ohne Kontext. Ich will damit sagen, dass der *Andere* in der Geradheit seines Antlitzes nicht eine Person innerhalb eines Kontextes darstellt. Normalerweise ist man eine „Person“: man ist Professor an der Sorbonne, Vize-Präsident im Staatsrat, Sohn eines Soundso, alles das, was im Pass vermerkt ist, die Art sich zu kleiden, sich zu präsentieren. Und jede Bedeutung, im üblichen Sinn des Begriffs, bezieht sich auf einen derartigen Kontext: Der Sinn einer Sache beruht in ihrer Beziehung zu etwas anderem. Hier hingegen ist das Antlitz für sich allein Sinn. Du, das bist du. In diesem Sinn kann man sagen, dass das Antlitz nicht „gesehen“ wird. Es ist das, was nicht ein Inhalt werden kann, den unser Denken umfassen könnte; es ist das Unenthaltbare, es führt uns darüber hinaus. Gerade dadurch lässt die Bedeutung des Antlitzes es als Korrelativ eines Wissens aus dem Sein heraustreten. Im Gegensatz dazu ist die Vision die Suche nach einer Entsprechung; sie ist das, wodurch das Sein eigentlich absorbiert wird. Aber die

Beziehung zum Antlitz ist von vornherein ethischer Art. Das Antlitz ist das, was man nicht töten kann oder dessen *Sinn* zumindest darin besteht, zu sagen: „Du darfst nicht töten.“ Es stimmt, der Mord ist ein banales Faktum: Man kann den *Anderen* töten; die ethische Forderung ist keine ontologische Notwendigkeit. Das Verbot zu töten macht den Mord nicht unmöglich, selbst wenn die Autorität des Verbotenen im schlechten Gewissen über das vollbrachte Böse erhalten bleibt – die Bösartigkeit des Bösen. Sie erscheint auch in der Heiligen Schrift, der die Menschlichkeit des Menschen, solange sie in der Welt involviert ist, ausgesetzt bleibt. Aber eigentlich ist die Erscheinung dieser „ethischen Merkwürdigkeiten“ (*étrangetés éthiques*) – die Menschlichkeit des Menschen – innerhalb des Seins ein Bruch des Seins. Er ist von Bedeutung, selbst wenn das Sein sich wieder erneuert und sich wieder in die Gewalt bekommt.

Der Andere *ist Antlitz; aber der Andere spricht auch gleichermaßen zu mir, und ich spreche zu ihm. Ist das menschliche Gespräch nicht auch eine Möglichkeit, mit dem zu brechen, was Sie „Totalität“ nennen?*

Sicherlich. Antlitz und Gespräch sind miteinander verbunden. Das Antlitz spricht. Es spricht, indem gerade durch es das Gespräch ermöglicht und begonnen wird. Ich habe vorhin den Begriff der Vision abgelehnt, um die authentische Beziehung zum *Anderen* zu beschreiben; es ist vielmehr das Gespräch oder, genauer gesagt, die Antwort oder die Verantwortung, die diese authentische Beziehung darstellen.

Aber wenn die ethische Beziehung jenseits des Wissens liegt und sie authentisch durch das Gespräch übernommen ist, dann heißt das doch, dass das Gespräch selbst nicht zur Ordnung des Wissens gehört?

Tatsächlich habe ich innerhalb des Gespräches immer das *Sagen* und das *Gesagte* unterschieden. Dass das *Sagen* ein Gesagtes enthalten muss, ist eine Notwendigkeit der gleichen Ordnung wie die, welche einer Gesellschaft Gesetze, Institutionen und gesellschaftliche Beziehungen auferlegt. Aber das *Sagen* bezeichnet die Tatsache, dass ich dem Antlitz gegenüber nicht einfach dabei verbleibe, es zu betrachten, sondern ihm antworte. Das Sagen ist eine Art, den *Anderen* zu grüßen, aber ihn zu grüßen meint bereits, ihm zu antworten. Es ist schwierig, in Gegenwart von jemandem zu schweigen; diese Schwierigkeit beruht letzten Endes in dieser eigentlichen Bedeutung des Sagens, unabhängig davon, was das Gesagte ist. Man muss über etwas sprechen, über den Regen und über das schöne Wetter, über irgend etwas, aber man muss sprechen, ihm antworten (*répondre à lui*) und bereits seinen Erwartungen entsprechen (*répondre de lui*).

Im Antlitz des Anderen, sagen Sie, gibt es eine „Erhabenheit", eine „Höhe". Der Andere ist höher als ich. Was verstehen Sie darunter?

Das „Du sollst nicht töten" ist das erste Wort des Antlitzes. Das aber ist ein Gebot. In der Erscheinung des Antlitzes liegt ein Befehl, als würde ein Herr mit mir sprechen. Dennoch ist das Antlitz des *Anderen* zur gleichen Zeit entblößt; hier ist der Elende, für den ich alles tun kann und dem ich alles verdanke. Und ich, wer immer ich auch bin, aber ich als jemand „in der ersten Person", ich bin derjenige, der über die Mittel verfügt, um auf diesen Ruf zu antworten.

Man möchte Ihnen darauf sagen: ja, in bestimmten Fällen ... Aber im Gegensatz dazu nimmt in anderen Fällen die Begegnung mit dem Anderen *die Form der Gewalt, des Hasses und der Verachtung an.*

Sicherlich. Aber ich denke, dass die Analyse des Antlitzes, so wie ich sie vorgenommen habe, mit der Herrschaft des *Anderen* und seinem Elend, mit meiner Unterwerfung und meinem Reichtum primär ist, was auch immer die Motivation wäre, die eine solche Umkehrung erklärt. Sie ist Voraussetzung jeglicher menschlicher Beziehungen. Gäbe es das nicht, so würden wir nicht einmal vor einer offenen Tür sagen: „Nach Ihnen, mein Herr!". Was ich versucht habe zu beschreiben, ist ein ursprüngliches „Nach Ihnen, mein Herr!".

Sie haben von der Leidenschaft des Hasses gesprochen. Ich hatte einen viel schwereren Einwand befürchtet: Wie kommt es, dass man imstande ist, zu bestrafen und zu unterdrücken? Wie kommt es, dass es Gerechtigkeit gibt? Ich sage darauf, dass das in der Tatsache der Vielzähligkeit der Menschen liegt, in der Gegenwart des Dritten neben dem *Anderen,* wobei beide die Gesetze bedingen und das Recht begründen. Solange ich mit dem Anderen alleine bin, schulde ich ihm alles; aber es gibt den Dritten. Weiß ich, was mein Nächster im Verhältnis zum Dritten ist? Weiß ich, ob der Dritte mit ihm in Übereinstimmung ist oder ob er sein Opfer ist? Wer ist der Nächste für mich? Man muss daher abwägen, denken, beurteilen, indem man Unvergleichbares miteinander vergleicht. Die interpersonale Beziehung, die ich mit dem *Anderen* herstelle, muss ich auch mit den anderen Menschen herstellen; es besteht also die Notwendigkeit, dieses Privileg des *Anderen* einzuschränken; daher die Gerechtigkeit. Diese muss, wird sie durch Institutionen ausgeübt, die unvermeidlich sind, immer durch die anfängliche interpersonale Beziehung kontrolliert werden.

Das ist also die entscheidende Erfahrung in Ihrer Metaphysik: jene, die es erlaubt, aus der Ontologie Heideggers als Ontologie des Neutralen, einer Ontologie ohne Moral, herauszutreten. Ist es diese ethische Erfahrung, von der aus Sie eine „Ethik“ aufbauen? Denn schließlich besteht die Ethik aus Regeln; müssen diese Regeln aufgestellt werden?

Meine Aufgabe besteht nicht darin, die Ethik aufzubauen; ich versuche nur, ihren Sinn zu suchen. Ich glaube in der Tat nicht, dass jegliche Philosophie programmatisch sein muss. Es war vor allem Husserl, der die Idee eines Programms der Philosophie vorgebracht hat. Zweifellos kann man entsprechend dem, was ich eben gesagt habe, eine Ethik aufbauen, aber das ist nicht mein eigentliches Thema.

Können Sie mir genauer angeben, inwiefern diese Entdeckung der Ethik im Antlitz mit den Philosophien der Totalität bricht?

Das absolute Wissen, so wie es von der Philosophie erforscht, versprochen oder empfohlen wurde, ist ein Denken des Gleichen*. In der Wahrheit wird das

Sein umfasst. Selbst wenn die Wahrheit als niemals endgültige aufgefasst wird, gibt es das Versprechen einer vollkommeneren und adäquaten Wahrheit. Wahrscheinlich kann das endlich Seiende, das wir sind, die Aufgabe des Wissens letztendlich nicht zu Ende bringen; aber im Rahmen dessen, in dem diese Aufgabe erfüllt wird, besteht sie darin, den Anderen* zum Selben* werden zu lassen. Dagegen impliziert die Idee des Unendlichen* ein Denken des Ungleichen*. Ich gehe von der Cartesianischen Idee des Unendlichen aus, bei der das *ideatum* dieser Idee, also das, worauf diese Idee abzielt, unendlich größer ist als der Akt selbst, durch den man es denkt. Es gibt eine Disproportion zwischen dem Akt und dem, was der Akt zugänglich macht. Für Descartes liegt hier einer der Beweise für die Existenz Gottes: Das Denken vermag nichts hervorzubringen, was es selbst übersteigt; dieses müsste schon in uns hineingelegt worden sein. Man muss daher einen unendlichen Gott annehmen, der die Idee des Unendlichen* in uns hineingelegt hat. Doch nicht der Beweis, nach dem Descartes suchte, interessiert mich hier. Ich denke hier mit Befremden über diese Disproportion zwischen dem, was er die „objektive Realität" und dem, was er die „formale Realität" der Idee Gottes nennt, nach, über die – so ungriechische – Paradoxie selbst einer in mich „hineingelegten" Idee, während uns Sokrates doch gelehrt hat, es sei unmöglich, eine Idee in ein Denken *hineinzulegen,* wenn man sie dort nicht schon vorgefunden hat.

Nun findet beim Antlitz, so wie ich die Annäherung daran beschreibe, das gleiche Übersteigen des Aktes durch das, wohin er führt, statt. Im Zugang zum Antlitz gibt es sicherlich auch einen Zugang zu der Idee

Gottes. Bei Descartes bleibt die Idee des Unendlichen* eine theoretische Idee, eine Betrachtung, ein Wissen. Was mich angeht, so denke ich, dass die Beziehung zum Unendlichen* nicht ein Wissen, sondern ein Begehren* darstellt. Ich habe versucht, den Unterschied zwischen dem Begehren* und dem Bedürfnis durch die Tatsache zu beschreiben, dass das Begehren* nicht befriedigt werden kann; dass das Begehren* sich auf gewisse Art von seinem eigenen Hunger ernährt und sich mit seiner Befriedigung vergrößert; dass das Begehren* einem Denken gleicht, das mehr denkt, als es denkt oder als das, was es denkt. Gewiss eine paradoxe Struktur, aber nicht mehr paradox als diese Präsenz des Unendlichen* in einem endlichen Akt.

8. Die Verantwortung für den Anderen

In dem letzten großen Buch, das Sie veröffentlicht haben, in Autrement qu'être ou au-delà de l'essence[17] *sprechen Sie von der moralischen Verantwortung. Husserl hatte auch schon von Verantwortung gesprochen, aber von einer Verantwortung bezüglich der Wahrheit; Heidegger hatte von Authentizität gesprochen; was verstehen Sie selbst unter Verantwortung?*

In diesem Buch spreche ich von der Verantwortung als der wesentlichen, primären und grundlegenden Struktur der Subjektivität. Denn ich beschreibe die Subjektivität mithilfe ethischer Begriffe. Die Ethik erscheint hier nicht als Supplement zu einer vorgegebenen existentiellen Basis; innerhalb der als Verantwortlichkeit verstandenen Ethik wird der eigentliche Knoten des Subjektiven geknüpft.

Ich verstehe die Verantwortlichkeit als Verantwortung für den *Anderen*, das heißt als Verantwortung für das, was nicht meine Sache ist oder mich sogar nichts angeht (*ne me regarde pas*); oder auch gerade für das, was mich etwas angeht (*me regarde*), dem ich mich als einem Antlitz annähere.[18]

Nachdem man den Anderen *in seinem Antlitz entdeckt hat, wie entdeckt man ihn als denjenigen, dem gegenüber man verantwortlich ist?*

Indem man das Antlitz positiv beschreibt, und nicht nur negativ. Sie erinnern sich an das, was wir gesagt haben: Der Zugang zum Antlitz liegt nicht in der Art reiner und einfacher Wahrnehmung, der Intentiona-lität, die in die Richtung der Gleichsetzung geht. Positiv können wir sagen, dass von dem Moment an, in dem der *Andere* mich anblickt, ich für ihn verantwortlich bin, ohne dass ich diese Verantwortung für ihn überhaupt *übernehmen* müsste; seine Verantwortung obliegt mir. Es ist eine Verantwortlichkeit, die über das hinausgeht, was ich tue. Üblicherweise ist man verantwortlich für das eigene Tun. In *Autrement qu'être* spreche ich davon, dass Verantwortlichkeit ursprünglich ein *Für-den-Anderen* ist. Das soll heißen, ich bin für seine Verantwortung selbst verantwortlich.

Inwiefern bestimmt diese Verantwortung für den Anderen *die Struktur der Subjektivität?*

In der Tat ist die Verantwortlichkeit kein bloßes Attribut der Subjektivität, so als würde diese bereits vor der ethischen Beziehung in sich selbst existieren. Die Subjektivität ist nicht ein Für-sich; sie ist, um es zu wiederholen, ursprünglich ein Für-einen-Anderen. Die Nähe des *Anderen* wird in diesem Buch als die Tatsache präsentiert, dass der *Andere* mir nicht nur räumlich oder als Verwandter nahe ist, sondern sich mir wesentlich dadurch nähert, dass ich mich für ihn verantwortlich fühle – dass ich für ihn verantwortlich bin. Das ist eine Struktur, die in keiner Weise der in-tentionalen Beziehung ähnlich ist, die uns über die Erkenntnis mit einem Gegenstand verbindet – was immer für ein Objekt das auch sei, und wäre es ein menschliches

Objekt. Die Nähe geht nicht auf diese Intentionalität zurück; insbesondere geht sie nicht auf die Tatsache zurück, dass der *Andere* mir bekannt wäre.

Ich könnte jemanden vollkommen kennen, aber diese Kenntnis wäre für sich selbst niemals eine Nähe?

Nein. Die Bindung zum *Anderen* bahnt sich nur als Verantwortung an, wobei es im übrigen einerlei ist, ob diese akzeptiert oder abgelehnt wird, ob man sie zu übernehmen weiß oder auch nicht, ob man für den *Anderen* etwas Konkretes tun kann oder auch nicht. Zu sagen: Hier bin ich. Etwas zu tun für einen Anderen. Zu geben. Menschlicher Geist zu sein, das ist es. Die Inkarnation der menschlichen Subjektivität garantiert deren Geistigkeit (ich sehe nicht, was die Engel sich geben oder wie sie sich gegenseitig helfen könnten). Dia-Konie vor jedem Dia-Log: Ich analysiere die zwischen-menschliche Beziehung so, als wäre in der Nähe zum *Anderen* – jenseits des Bildes, das ich mir vom anderen Menschen mache – sein Antlitz, der Ausdruck des *Anderen* (und in diesem Sinn ist mehr oder weniger der ganze menschliche Körper Antlitz), das, was mir *befiehlt*, ihm zu dienen. Ich verwende diese extreme Formulierung. Das Antlitz ersucht mich und gebietet mir. Seine Bedeutung ist eine signifikante Anordnung.[19] Genauer gesagt, wenn das Antlitz mir gegenüber eine Anordnung bedeutet, so nicht in der Weise, wie irgendein Zeichen sein Bezeichnetes bezeichnet; diese Anordnung ist die eigentliche Bedeutung des Antlitzes.

Sie sagen gleichzeitig „es ersucht mich" und „es gebietet mir". Liegt darin nicht ein Widerspruch?

Es ersucht mich, so wie man jemanden ersucht, dem man befiehlt, so wie wenn man sagt: „Man ersucht Sie".

Aber ist der Andere mir gegenüber nicht auch verantwortlich?

Möglicherweise, aber das ist *seine* Sache. Eines der grundlegenden Themen von *Totalité et Infini,* von dem wir noch nicht gesprochen haben, ist, dass die intersubjektive Beziehung eine nicht-symmetrische Beziehung ist. In diesem Sinne bin ich verantwortlich für den *Anderen,* ohne Gegenseitigkeit zu erwarten, und wenn es mich das Leben kosten würde. Die Gegenseitigkeit, das ist *seine* Sache. Gerade in dem Maße, in dem die Beziehung zwischen dem *Anderen* und mir nicht gegenseitig ist, bin ich dem *Anderen* gegenüber unterworfen (*Je suis sujétion à autrui*)*;* und vor allem in diesem Sinn bin ich „Subjekt" (*sujet*).[20] Ich bin es, der alles erträgt. Sie kennen diesen Satz von Dostojewski: „. . . in Wahrheit ist jeder vor allen und für alles schuldig . . . In Wahrheit bin ich für alle schuldig und vielleicht schuldiger als alle."[21] Nicht wegen der einen oder der anderen Schuld, die tatsächlich meine ist, wegen Fehlern, die ich begangen hätte; sondern, weil ich verantwortlich bin gemäß einer totalen Verantwortlichkeit, die den Erwartungen von allen anderen und von allem bei den anderen, selbst von ihrer Verantwortlichkeit, entspricht. Das Ich hat immer ein *Mehr* an Verantwortlichkeit als alle anderen.

Heißt das, wenn die anderen nicht tun, was sie zu tun haben, dann liegt das an mir?

Es ist vorgekommen, dass ich irgendwo sagte – ein Wort, das ich nicht gerne zitiere, denn es müsste durch weitere Überlegungen ergänzt werden – ich sei verantwortlich für die Verfolgungen, die ich erleide. Aber nur ich! Meine „Nächsten" oder „mein Volk" sind bereits die anderen, und für sie verlange ich Gerechtigkeit.

So weit gehen Sie!

Weil ich selbst für die Verantwortlichkeit des *Anderen* verantwortlich bin. Das sind extreme Formulierungen, die man nicht aus ihrem Kontext herausnehmen sollte. Im Konkreten kommen viele andere Erwägungen dazwischen und fordern selbst für mich Gerechtigkeit. Die Gesetze beseitigen bestimmte Konsequenzen auf praktische Art. Aber die Gerechtigkeit hat nur dann Sinn, wenn sie den Geist der Selbstlosigkeit (*dés-intéressement*)[22] behält, der die Idee der Verantwortung für den anderen Menschen belebt. Im Prinzip reißt sich das Ich von seiner „ersten Person" nicht los; es trägt die Welt. Die Subjektivität, indem sie sich in der Bewegung selbst konstituiert, in der ihr aufgetragen wird, für den Anderen verantwortlich zu sein, reicht bis zur Stellvertretung für den *Anderen.* Sie nimmt die Bedingung – oder die Unbedingtheit – des Geisel-Seins auf sich. Die Subjektivität als solche ist ursprünglich Geisel-Sein; sie geht bis dahin, für die anderen zu büßen.

Man kann an dieser utopischen und für ein Ich unmenschlichen Vorstellung Anstoß nehmen. Doch die Menschlichkeit des Menschlichen – das wahre Leben – ist abwesend. Die Menschlichkeit im historischen und objektiven Sein, der eigentliche Durchbruch des Subjektiven, des menschlichen Psychismus in seiner ursprünglichen Wachsamkeit oder in seiner Ernüchterung, das ist das Sein, das sich seiner eigenen Seinsbedingung entledigt: Selbstlosigkeit (*dés-inter-essement*). Es ist das, was der Titel des Buches „*Autrement qu'être*"[23] bedeuten soll. Die ontologische Bedingung *löst sich auf oder wird aufgelöst, und zwar innerhalb der menschlichen Bedingung oder Unbedingtheit. Menschlich sein* (*être humain*),[24] das bedeutet: so zu leben, als wäre man nicht ein Seiendes unter Seienden. Als würden sich durch die menschliche Geistigkeit die Kategorien Sein in ein „Anders-als-Sein" (*autrement qu'être*) umkehren. Nicht nur in ein „Anderssein" (*être-autrement*); anders sein ist immer noch Sein. Das „Anders-als-Sein" hat in Wahrheit kein Verb, welches das Ereignis seiner Un-Ruhe, seiner Selbstlosigkeit (*dés-inter-essement*), des Infragestellens dieses Seins (*être*) – oder dieser Seinsweise (essement) – des Seienden bezeichnen würde.

Ich bin es, der den *Anderen* trägt, der für ihn verantwortlich ist. Man sieht daher, dass sich im menschlichen Subjekt gleichzeitig mit einer totalen Unterwerfung auch meine Primogenitur manifestiert. Meine Verantwortlichkeit ist nicht übertragbar, niemand könnte mich ersetzen. Faktisch muss man die eigentliche Identität des menschlichen Ich von der Verantwortlichkeit her benennen, das heißt ausgehend von diesem Setzen oder diesem Ab-setzen des souveränen Ich im Selbstbewusstsein – Ab-setzen, das gerade in seiner Verantwortung für den *Anderen* besteht. Die Verantwortlichkeit ist das, was ausschließlich mir obliegt und was ich *menschlicher Weise* nicht ablehnen kann. Diese Last ist eine höchste Gnade des Einzigen. Ich, nicht-auswechselbar, ich bin ich einzig in dem Maß, in dem ich verantwortlich bin. Ich kann mich allen substituieren, aber niemand kann sich mir substituieren. Das ist meine nicht entfremdbare Identität als Subjekt. Genau in dem Sinne sagt Dostojewski: „. . . in Wahrheit ist jeder vor allen und für alle schuldig . . . In Wahrheit bin ich für alle schuldig und vielleicht schuldiger als alle."

9. Die Herrlichkeit des Zeugnisses

Die ethische Beziehung lässt uns aus der „Einsamkeit" des Seins heraustreten. Wenn wir aber nicht mehr im Sein sind, sind wir dann überhaupt in einer Gesellschaft?

Sie denken: Was wird aus dem Unendlichen*, das im Titel von *Totalité et Infini* angekündigt war? Ich scheue das Wort Gott nicht; es taucht in meinen Aufsätzen öfters auf. Das Unendliche* kommt mir bei der Bedeutung des Antlitzes in den Sinn. Das Antlitz *bedeutet* das Unendliche*. Dieses erscheint niemals wie ein Thema, sondern in dieser ethischen Beziehung selbst: das heißt in der Tatsache, dass ich umso gerechter bin, je verantwortlicher ich bin; man ist niemals frei vom *Anderen.*

Gibt es ein Unendliches in der ethischen Forderung, insofern diese unersättlich ist?

Ja. Sie ist Forderung nach Heiligkeit. Niemand kann in irgendeinem Moment sagen: Ich habe all meine Pflicht getan. Außer dem Heuchler . . . In diesem Sinn gibt es eine Öffnung jenseits dessen, das sich abgrenzt; und von dieser Art ist die Manifestation des Unendlichen*. Es ist nicht eine „Manifestation" im Sinn einer „Enthüllung", die eine Gleichsetzung zu etwas

Gegebenem wäre. Das Eigentliche der Bezie-hung zum Unendlichen* liegt im Gegenteil darin, dass sie keine Enthüllung ist. Wenn ich in der Gegenwart des *Anderen* sage: „Hier bin ich!", dann ist dieses „Hier bin ich!" der Ort, durch den das Unendliche* in die Sprache eintritt, aber ohne sichtbar zu werden. Es erscheint nicht, weil es nicht – zumindest nicht ursprünglich – thematisiert wird. Der „unsichtbare Gott" ist nicht zu verstehen als Gott, der sinnlich nicht wahrnehmbar wäre, sondern als Gott, der im Denken nicht thematisierbar ist und trotzdem für das Denken, das keine Thematisierung und vermutlich nicht einmal eine Intentionalität ist, nicht indifferent bleibt.

Ich werde Ihnen von einem besonderen Merkmal der jüdischen Mystik erzählen. In bestimmten, sehr alten Gebeten, die durch Autoritäten der Antike festgelegt worden sind, beginnt der Gläubige damit, zu Gott „Du" zu sagen und beendet den begonnenen Satz, indem er „Er" sagt, so als wäre im Verlauf der Annäherung an das „Du" dessen Transzendenz in „Er" erfolgt. Das ist es, was ich in meinen Beschreibungen die „Illeität"[25] des Unendlichen* genannt habe. So zeigt sich das Unendliche* nicht in dem „Hier bin ich!" der Annäherung an den *Anderen.* Wie nimmt es dann Sinn an? Ich meine, dass das Subjekt, das sagt „Hier bin ich!", vom Unendlichen* *Zeugnis ablegt.* Durch dieses Zeugnis, dessen Wahrheit nicht eine Wahrheit der Vorstellung oder der Wahrnehmung ist, findet die Offenbarung des Unendlichen* statt. Durch dieses Zeugnis eben verherrlicht sich die eigentliche Herrlichkeit des Unendlichen*. Der Begriff „Herrlichkeit" gehört nicht zur Sprache der Kontemplation.

Aber warten Sie: Wer legt Zeugnis ab wovon und von wem in diesem Zeugnis? Was hat der Zeuge oder der Prophet, von dem Sie sprechen, gesehen, von dem er Zeugnis ablegen müsste?

Sie denken das Zeugnis hier weiterhin als etwas, was auf einer Erkenntnis und einer Thematisierung basiert. Der Begriff Zeugnis, den ich zu beschreiben versuche, impliziert sicherlich einen Modus der Offenbarung, aber diese Offenbarung *gibt* uns nichts. Die philosophische Rede ihrerseits läuft immer auf eine Thematisierung hinaus . . .

. . . *Man könnte Sie übrigens fragen, warum Sie selbst all das thematisieren, und zwar in genau diesem Moment. Ist es nicht auch, in einem gewissen Sinn, um Zeugnis abzulegen?*

Natürlich habe ich diesen Einwand erwogen. Ich habe irgendwo vom philosophischen *Sagen* (*dire*) als von einem Sagen gesprochen, das unter der Notwendigkeit steht, sich ständig zu wider-rufen (*se dédire*). Ich habe aus diesem Wider-Ruf sogar einen eigenen Modus der Philosophierens gemacht. Ich stelle nicht in Abrede, dass die Philosophie eine Erkenntnis ist, insoweit sie das benennt, was nicht benennbar ist, und das thematisiert, was nicht thematisierbar ist. Aber indem sie dem, was mit den Kategorien des Diskurses bricht, die Form des *Gesagten* gibt, drückt sie möglicherweise dem Gesagten die Spuren dieses Bruches auf.

Das ethische Zeugnis ist eine Offenbarung, die keine Erkenntnis ist. Überdies muss man sagen, dass man auf diese Weise nur vom Unendlichen*, von Gott, zu dem keinerlei Präsenz und keinerlei Aktualität *fähig* sind, „Zeugnis ablegen“ kann. Es gibt kein aktuelles Unendliches, sagten die Philosophen. Was wie ein „Makel“ des Unendlichen aussehen könnte, ist im Gegenteil ein positives Charakteristikum des Unendlichen – seine Unendlichkeit selbst.

In *Autrement qu'être ou au-delà de l'essence* schrieb ich: „Vom Unendlichen, zu dem keinerlei Thema, keinerlei Gegenwart fähig ist, legt das Subjekt oder der Andere* im Selben*, insofern als das Selbe* für den Anderen* ist, Zeugnis ab. Da, wo die Differenz sich in dem Maße absorbiert, als die Nähe näher kommt und sich durch diese Absorption selbst auf herrliche Weise anklagt und mich immer mehr anklagt. Da, wo das Selbe*, in seiner Haltung als das Selbe*, mehr und mehr in Bezug auf den Anderen* festgehalten wird, und das bis zur Stellvertretung als Geisel, eine Sühne, die letzten Endes mit der außergewöhnlichen und diachronischen Umkehrung des Selben* im Anderen* in der Inspiration und im Psychismus übereinstimmt.“[26] Ich will sagen, dass die Art und Weise, in der der Andere* oder das Unendliche* sich in der Subjektivität manifestieren, das eigentliche Phänomen der „Inspiration“ ist und daher das psychische Element, die eigentliche Pneumatik des Psychismus definiert.

Das heißt, den Geist. Wenn Gott also nicht gesehen werden kann, so wird von ihm Zeugnis abgelegt; wenn er nicht thematisiert werden kann, so wird er bestätigt.*

Der Zeuge legt von dem Zeugnis ab, was durch ihn gesagt wird. Denn er hat vor dem Anderen gesagt „Hier bin ich!“, und weil er angesichts des Anderen die Verantwortlichkeit anerkennt, die ihm obliegt, hat er in diesem Ereignis dem Ausdruck verliehen, was das Antlitz des

Anderen für ihn bedeutet hat. Die Herrlichkeit des Unendlichen* offenbart sich durch das, was sie beim Zeugen auszulösen vermag.

Denn zu sagen „Hier bin ich!", wenngleich das Leben in eine ganz andere Richtung zu gehen scheint, da das Leben nur sich selbst will und einzig das Beharren im Sein gebietet, das bedeutet, im Gegensatz dazu einem Höheren Ausdruck zu verleihen als dem Leben oder dem Tod, die von daher etwas Herrliches sind . . .

Die Herrlichkeit Gottes, das ist das „Anders-als-Sein" (*autrement qu'être*). „Die Idee des Unendlichen*, die bei Descartes in einem Denken beheimatet ist, das sie nicht enthalten kann, drückt die Disproportion zwischen der Herrlichkeit und der Gegenwart aus – Disproportion, die die Inspiration selbst ist. Unter dem Gewicht, das meine Fähigkeit übersteigt, eine Passivität, die viel passiver ist als jegliche Passivität, welche mit Handlungen verbunden ist, bricht meine Passivität heraus, indem sie sagt: ‚Hier bin ich!'. Das Außerhalbsein des Unendlichen* wird in gewisser Weise ‚Innerlichkeit' in der Aufrichtigkeit des Zeugnisses".[27]

Das Unendliche wird absorbiert, weil es nicht erkannt wird?

Nein, es gebietet.

Zumindest in diesem Sinn ist es nicht äußerlich; es ist entschieden nahe.

In der Tat; es gebietet, und in diesem Sinn ist es innerlich. „Die Herrlichkeit, die mir weder als Vorstellung noch als Gesprächspartner, vor der oder vor dem ich mich hinstellen würde, widerfährt, um mich zu berühren, verherrlicht sich in meinem Sagen, indem sie mir durch meinen Mund gebietet. Die Innerlichkeit ist daher nicht ein geheimer Ort irgendwo in mir. Sie ist diese Umkehrung, in der das eminent Äußerliche, gerade aufgrund dieses eminenten Außerhalbseins, aufgrund dieser Unmöglichkeit, enthalten zu sein und folglich in ein Thema einzutreten, unendliche Außergewöhnlichkeit des Seinsgeschehens (*essence*),[28] mich betrifft (*me concerne*) und mich umschließt (*me cerne*) und mir durch meinen eigenen Mund gebietet. Im Befehl, durch den Mund desjenigen gegeben, dem befohlen wird, wird das unendlich Äußerliche innere Stimme, aber Stimme, welche von der Spaltung des inneren Geheimnisses Zeugnis ablegt, indem sie dem *Anderen* ein Zeichen gibt. Zeichen der eigentlichen Gabe des Zeichens. Gewundener Weg. Claudel hat als Epigraph zu seinem Seidenen Schuh ein portugiesisches Sprichwort gewählt, das man in dem Sinn verstehen kann, den ich eben erläutert habe: ‚Gott schreibt gerade auch auf krummen Zeilen'."[29]

10. Die Strenge der Philosophie und die Tröstungen der Religion

Liegt in diesem Insistieren auf das Zeugnis, das irreduzibel auf ein thematisierendes Wissen bleibt, nicht eine indirekte Definition des Prophetismus?

In der Tat ist der Prophetismus der grundlegende Modus der Offenbarung – vorausgesetzt, man versteht den Prophetismus in einem sehr viel weiteren Sinne, als er in den Begriffen Begabung, Talent oder Berufung, welche jenen eigen sind, die man Propheten nennt, enthalten ist. Ich verstehe den Prophetismus als ein Moment der Conditio humana selbst. Für den *Anderen* Verantwortung zu übernehmen ist für jeden Menschen eine Art und Weise, von der Herrlichkeit des Unendlichen* Zeugnis abzulegen und inspiriert zu sein. Es gibt Prophetismus, es gibt Inspiration bei dem Menschen, der für den *Anderen* antwortet, paradoxerweise sogar bevor er weiß, was von ihm konkret erwartet wird. Diese Verantwortlichkeit, die *vor* dem Gesetz kommt, ist die Offenbarung Gottes. In einem Text des Propheten Amos heißt es: „Der Herr hat gesprochen; wer sollte nicht weissagen?“,[30] wo der Prophetismus als grundlegendes Faktum der Menschlichkeit des Menschen bestimmt zu werden scheint. Davon ausgehend lässt sich der Prophetismus – neben der unbegrenzten ethischen Forderung – in konkreten

Formen interpretieren, und zwar dort, wo er zu Text und zu Büchern verarbeitet wurde. In diesen, zu Religionen gewordenen konkreten Formen finden die Menschen Trost. Doch stellt das in keiner Weise die strenge Struktur, die ich zu definieren versuchte, in Zweifel, wo immer ich es bin, der verantwortlich ist und das Universum trägt, wie auch immer der Fortgang der Geschichte sei.

Man hat mich bezüglich einiger dieser Reflexionen, die ich eben erörtert habe, gefragt, ob die mes-sianische Idee für mich noch einen Sinn hätte und ob es notwendig wäre, die Idee eines allerletzten Stadiums der Geschichte aufrechtzuerhalten, in dem die Menschheit nicht mehr gewalttätig wäre, in dem die Menschheit definitiv die Kruste des Seins durchstoßen hätte, in dem sich alles erhellen würde. Ich habe darauf geantwortet, dass man, um der messianischen Ära würdig zu sein, zugestehen müsste, die Ethik habe einen Sinn, selbst ohne die Verheißungen eines Messias.

Die positiven Religionen, oder zumindest die drei großen Religionen des Buches, die man im Abendland anerkennt, definieren sich jeweils in ihrem Verhältnis zu einem definitiv bestehenden Text, der die Offenbarung* enthält; nun scheint es, dass Sie, wenn Sie von der „Offenbarung", die durch das „Zeugnis" erbracht wird, sprechen, einen anderen Ursprung der religiösen Wahrheit finden, und zwar in der Gegenwart selbst.*

Was ich da sage, bindet zweifellos nur mich! Allein aus diesem Grund antworte ich auf diese Frage. Dass die Bibel Ergebnis von Prophezeiungen ist, dass das ethische Zeugnis – ich sage nicht die „Erfahrung" – in ihr in der Form von Schriften niedergelegt ist, davon bin ich überzeugt. Aber das stimmt vollkommen mit der Menschlichkeit des Menschen als Verantwortung für den *Anderen* überein, so wie sie in unseren Gesprächen dargelegt worden ist. Dass die moderne historische Kritik aufgezeigt hat, die Bibel hätte verschiedenartigste, auf sehr unterschiedliche Epochen verteilte Autoren gehabt – im Gegensatz zu dem, was man vor einigen Jahrhunderten glaubte –, ändert nichts an dieser Überzeugung, im Gegenteil. Denn ich habe immer gedacht, dass das große Wunder der Bibel nicht im gemeinsamen literarischen Ursprung liegt, sondern umgekehrt im Zusammenfluss verschiedenartiger Dichtungen zu einem einzigen wesentlichen Inhalt. Das Wunder des Zusammenfließens ist größer als das Wunder eines einzigen Autors. Jedoch ist der Pol dieses Zusammenfließens die Ethik, die unbestreitbar dieses ganze Buch beherrscht.

Würden Sie so weit gehen zu sagen, dass irgendein ethischer Mensch zu jeder Zeit und an jedem Ort schriftliche und mündliche Zeugnisse geben könnte, die möglicherweise eine Bibel konstituieren könnten? Oder dass es zwischen Menschen, die den verschiedenen Traditionen angehören oder die sich in keiner religiösen Tradition wieder erkennen, eine gemeinsame Bibel geben könnte?

Ja, die ethische Wahrheit ist eine gemeinsame. Die Lektüre der Bibel, selbst wenn sie verschiedenartig ist, drückt in dieser Verschiedenartigkeit das aus, was jeder einzelne zur Bibel beiträgt. Die subjektiv bedingte Lektüre ist für die Lektüre des Prophetischen erforderlich. Aber man muss sicherlich die Notwendigkeit der Konfrontation und des Dialogs mit einbeziehen, und von da an taucht das ganze Problem des Sich-Berufens auf die Tradition, welche nicht eine Unterwerfung, sondern eine Hermeneutik meint, auf.

Zweifellos gilt das für die Lektüre der gleichen Bibel durch Juden und Christen. Aber meine Frage ging weiter. Ich wollte sagen: Wenn es das Zeugnis der Ethik ist, das die Herrlichkeit des Unendlichen offenbart, und nicht ein Text, der ein Wissen enthält, was ist dann das Privileg der Bibel selbst? Kann man nicht Platon oder andere große Texte, in denen die Menschheit ein Zeugnis des Unendlichen* erkannt hat, als Bibel lesen?*

Als ich vorhin – am Rande – das Menschliche als Durchbruch beschrieben habe, der im Sein stattfindet und die stolze Unabhängigkeit der Seienden in ihrer Identität *in Frage stellt,* wodurch er zum *Anderen* (*l'autre*) nötigt, da habe ich keine „unauslotbaren" und utopischen Tiefen der „Innerlichkeit" beschworen. Ich habe von *der* Schrift* und *dem* Buch* gesprochen. Ich habe an deren Kraft gedacht, die sich, noch bevor sie durch Stilett oder Feder aufgezeichnet zu Buchstaben wird, in allen Sprachen, streng wie ein Bibelvers, verdichtet. Wovon man sagt, es wäre in die Seelen geschrieben, das steht zuerst in den Büchern geschrieben; deren Status immer vorschnell inmitten der Werkzeuge oder der kulturellen Produkte der Natur* oder der Geschichte* banalisiert wurde; während ihre Dichtung doch einen Bruch im Sein hervorruft und sich genauso wenig auf was weiß ich für eine intime Stimme oder auf die normative Abstraktion von „Werten" zurückführen lässt, so wie die Welt selbst, in der wir sind, sich nicht auf die Objektivität ihrer Gegenstände reduzieren lässt. Ich denke, dass durch jegliche Literatur hindurch das menschliche Antlitz spricht – oder stammelt oder eine Haltung annimmt oder mit seiner Karikatur kämpft. Trotz des Endes des Eurozentrismus, der durch so viele Schrecklichkeiten disqualifiziert ist, glaube ich an die Außerordentlichkeit des menschlichen Antlitzes wie es in den griechischen Schriften und in unseren Schriften, die diesen alles verdanken, ausgedrückt wird. Dank ihnen schämen wir uns unserer Geschichte. Es liegt eine Beteiligung an der Heiligen Schrift in der nationalen Literatur vor, bei Homer und Platon, bei Racine und Victor Hugo, ebenso wie bei Puschkin, Dostojewski oder Goethe, selbstverständlich genauso bei Tolstoi oder bei Agnon. Aber ich bin der unvergleichlichen prophetischen Vorzüglichkeit des Buches* der Bücher* sicher, das alle Literatur der Welt erwartet hat oder das sie kommentiert. Die Heilige Schrift ist nicht bedeutungsvoll aufgrund der dogmatischen Erzählung ihres übernatürlichen oder heiligen Ursprungs, sondern durch den Ausdruck des Antlitzes des anderen Menschen, bevor er eine Haltung oder eine Pose einnimmt, die durch die Bibel erhellt werden. Ein Ausdruck, der ebenso glaubwürdig ist, wie die Sorgen der Alltagswelt historischer Seiender, wie wir es sind, machtvoll sind. Sie ist für mich bedeutungsvoll durch alles, was sie im Laufe der Jahrhunderte bei ihren Lesern erweckt hat und durch deren Exegesen und Überlieferung erhalten wurde. Sie *bestimmt die ganze Gewichtigkeit der Brüche,* wo sich, innerhalb unseres Seins, das gute Gewissen hinsichtlich seines Daseins in Frage stellt. Hier ist der Ort ihrer Heiligkeit selbst, außerhalb jeder sakramentalen Bedeutung; einzigartiges Statut, das im übrigen irreduzibel auf das der Träume der „schönen Seelen“ bleibt, wenn man diesen Wind der Krise – oder diesen

Geist –, der bläst und zerreißt, trotz der Knoten der Geschichte*, die wiederangeknüpft werden, überhaupt ein Statut nennen kann.

Die Annäherung an das Unendliche ist also für jeden Menschen im wesentlichen die gleiche. Dennoch geben nur die einzelnen Religionen den Menschen Trost. Ist die ethische Forderung universal, der Trost aber eine Familienangelegenheit?*

In der Tat ist die Religion nicht identisch mit der Philosophie, die nicht notwendigerweise den Trost mit sich bringt, den die Religion zu geben weiß. Der Prophetismus und die Ethik schließen den Trost der Religion in keiner Weise aus; aber ich wiederhole noch einmal: Vielleicht ist nur eine Menschheit dieses Trostes würdig, die sich seiner auch enthalten kann.

Lassen Sie uns über Ihre jüngsten Arbeiten sprechen. Sie setzen derzeit Ihr Nachdenken über die Verantwortung für den Anderen *mit einem Nachdenken über die Verantwortung für den Tod des* Anderen *fort. Was soll man darunter verstehen?*

Ich denke, dass man im Rahmen der Verantwortung für den *Anderen* in letzter Instanz für den Tod des Anderen verantwortlich ist. Ist die Geradheit des Blicks des Anderen nicht ein Ausgesetztsein schlechthin, das ein Dem-Tod-Ausgesetztsein ist? Das Antlitz in seiner Aufrichtigkeit ist es, auf das durch den Tod „aus nächster Entfernung“ abgezielt wird. Was in ihm wie eine Bitte steht, bedeutet sicherlich eine Aufforderung an ein *Geben* und an ein *Dienen* – oder das Gebot, zu geben und zu dienen –, aber dieses einschließend und darüber hinaus die Anordnung, den *Anderen* nicht alleine zu lassen, und wäre es angesichts des Unerbittlichen. Was vermutlich die Grundlage von Sozialität darstellt, die Grundlage der Liebe ohne *Eros*. Die Furcht (*crainte*) vor dem Tod des Anderen bildet sicherlich die Ausgangsbasis für die Verantwortung für ihn.

Eine derartige Furcht ist etwas anderes als die Angst (*peur*). Ich denke, dass dieser Begriff der Angst um den anderen Menschen sich von den brillanten Analysen abhebt, die Heidegger über die Affektivität gemacht hat: über die Gefühle, die Empfindung, die Befindlichkeit**. Jede Empfindung hat nach ihm das, was er eine zweifache Intentionalität nennt: Sie ist Empfindung *von* etwas und *um* etwas. Die Angst (*peur*) ist Angst *vor* dem, was ängstigt, und immer auch Angst *um* mich. Heidegger betont die Tatsache, dass die Verben, die Empfindungen ausdrücken, im Deutschen immer reflexiv sind, so wie im Französischen die Verben *s'émouvoir* (sich erregen), *s'effrayer* (erschrecken), *s'attrister* (traurig werden) usw. Nach ihm ist die Angst (*angoisse*) eine außergewöhnliche Empfindung, bei der das *Wovor* und das *Worum* übereinstimmen: Als Angst *vor* der Endlichkeit ist sie Angst *um* meine Endlichkeit, und in einem gewissen Sinn geht jede Empfindung aufgrund dieses Bezugs auf sich selbst auf die Angst zurück. Es schien uns, dass die Angst (*peur*) um den Anderen diesen Bezug auf sich selbst nicht hat. Liegt es nicht darin, dass der Begriff der Gottesfurcht seinen Sinn wieder findet, abgelöst von jeglicher Referenz auf die Idee eines eifersüchtigen Gottes?

Inwiefern?

Selbstlose *(dés-inter-essé)* Furcht; Schüchternheit, Scham . . . In jedem Fall keine Furcht vor einer Bestrafung.

Aber wenn man um den Anderen *und nicht um sich selbst fürchtet, kann man dann überhaupt leben?*

Das ist in der Tat die Frage, die man letztendlich stellen muss. Bin ich dem Sein gegenüber verpflichtet? Töte ich nicht, indem ich bin, indem ich im Sein beharre?

Sicherlich, jetzt, da uns das biologische Paradigma vertraut geworden ist, wissen wir, dass jede Gattung auf Kosten einer anderen lebt und dass innerhalb jeder Gattung jedes Individuum ein anderes ersetzt. Man kann nicht leben, ohne zu töten.

Man kann in der Gesellschaft, so wie sie funktioniert, nicht leben, ohne zu töten, oder zumindest nicht, ohne den Tod von irgend jemandem vorzubereiten. Von daher ist die wichtige Frage nach dem Sinn von Sein nicht: Warum gibt es etwas und nicht nichts – eine leibnizsche Fragestellung, die von Heidegger so ausgiebig kommentiert worden ist –, sondern: Töte ich nicht, indem ich bin?

Während andere aus dieser Feststellung, dass man nicht leben kann ohne Mord oder zumindest ohne Kampf, den Schluss ziehen, dass man tatsächlich töten muss und dass die Gewalt dem Leben dient und die Evolution bestimmt – lehnen Sie diese Antwort ab?

Das Aufbrechen des Menschlichen im Sein, der Durchbruch des Seins, von dem ich im Verlauf dieser Gespräche geredet habe, die Krise des Seins, das Anders-als-Sein sind tatsächlich durch das Faktum geprägt, dass das, was am natürlichsten erscheint, am problematischsten wird. Habe ich ein Recht, zu sein? Nehme ich, indem ich in der Welt bin, nicht den Platz von jemandem ein? Eine Infragestellung der naiven und natürlichen Beharrlichkeit im Sein!

Im Vorspann zu Autrement qu'être *zitieren Sie einen Satz von Pascal:* „... das ist mein Platz an der Sonne. – Damit habt ihr Beginn und Urbild der widerrechtlichen Besitzergreifung der ganzen Erde." *und* „Man hat sich, soweit man es konnte, der Konkupiszenz bedient, um sie dem öffentlichen Wohl dienstbar zu machen. Das ist aber nur Trug und ein falsches Bild der Gottesliebe; denn am Grunde ist nur der Haß."[31] *Wenn man Ihnen aber darin zustimmte, diese Frage sei die letzte oder auch die erste Frage der Metaphysik, wie schließen Sie daran Ihre eigene Antwort? Würden Sie so weit gehen zu sagen, dass Sie kein Recht haben, zu leben?*

Ich will keineswegs lehren, der Selbstmord folge aus der Nächstenliebe und dem wahrhaft menschlichen Leben. Ich möchte sagen, dass ein wirklich menschliches Leben kein zufriedenes (*satis-faite*) Leben bleiben kann in der Gleichheit mit dem Sein, im Leben der Ruhe, sondern dass es bei dem Anderen aufwacht, das heißt immer dabei ist, sich zu ernüchtern, dass das Sein – im Gegensatz zu dem, was so viele beruhigende Traditionen sagen – niemals seine eigene Daseinsberechtigung darstellt, dass das berühmte *conatus essendi* nicht die Quelle allen Rechts und allen Sinns ist.

Anmerkungen

* Hier und im folgenden bedeutet ein Sternchen: im französischen Text groß geschrieben (*A.d.Ü.*)

** Hier und im folgenden bedeuten zwei Sternchen: im Original deutsch. (*A. d. Ü.*)

1 De Dieu qui vient à l'idée, Paris 1982; dt.: Wenn Gott ins Denken einfällt, München 1985 (dieser Band ist nicht völlig identisch mit der französischen Ausgabe, enthält aber die meisten in ihr veröffentlichten Aufsätze). (*A. d. Ü.*)

2 Dt.: Die Zeit und der Andere, Hamburg 1984 (*A. d. Ü.*)

3 Martin HEIDEGGER, Sein und Zeit, Tübingen 1927.

4 LÉVINAS übersetzt die Heideggerschen Begriffe Sein und Seiendes mit *exister* und *existant*. Vgl. Die Zeit und der Andere, 21. (*A. d. Ü.*)

5 Paris 1947, 2. Auflage 1978.

6 Stalag = „Kriegsgefangenen-Stammlager" der Deutschen im 2. Weltkrieg. (*A. d. Ü.*)

7 L'Ecriture du désastre, Paris 1981.

8 Die Unterscheidung von LÉVINAS zwischen *l'autre* und *autrui* – beides in der deutschen Übersetzung als „der Andere" – ist im Deutschen nur durch eine Umschreibung oder eine andere Schreibweise wiederzugeben. *Autrui*, hier: „der *Andere*", meint einen anderen Menschen, der einem leibhaftig gegenübersteht und in dessen Antlitz ich blicke; *l'autre*, hier: „der Andere", bedeutet im ethischen Verhältnis zum *Anderen* die Spur des Unendlichen „Jenseits des Seins", die aber doch als personales Wesen gedacht werden kann, als „dritte Person", deren Thematisierung (im Sinne eines „Verstehens", einer „Zugriffnahme") unmöglich ist. (*A. d. Ü.*)

9 Emmanuel LÉVINAS, Die Zeit und der Andere, Hamburg 1984, 17. L. WENZLER übersetzt *autrui* mit „der andere" und *l'autre* mit „der Andere" (*A. d. Ü.*)

10 Die Zeit und der Andere, 19.
11 Ebenda, 20.
12 *altérité* meint eine Andersheit im Sinne von „ein Anderer sein"; L. WENZLER übersetzt *altérité* mit „Anderheit" (vgl. Die Zeit und der Andere, 69, Anm. 6), wir schließen uns der gängigen Übersetzung an. (*A. d. Ü.*)
13 Die Zeit und der Andere, 56 ff.
14 Ebenda, 60.
15 Die Zeit und der Andere, 62.
16 Totalité et Infini, Den Haag 1974, 29.
17 Den Haag 1974.
18 Doppelsinn von *regarder*: was mich „ansieht" (im Zusammenhang mit dem Antlitz) oder was mich „etwas angeht". (*A. d. Ü.*)
19 *ordre* – im Sinne von Anordnung, Befehl und Ordnung. Vgl. Die Spur des Anderen, Freiburg–München 1983, 223, Anm. h. (*A. d. Ü.*)
20 Doppelsinn von *sujet*: „Subjekt" und „Untertan". (*A. d. Ü.*)
21 F. DOSTOJEWSKI, Die Brüder Karamasoff, Frankfurt 1986, 512.
22 *dés-inter-essement* meint ein „Sein für den Anderen", ein „Sich-Lösen aus dem selbstsüchtigen Interessiertsein". Vgl. dazu das Nachwort von L.WENZLER, in: Die Zeit und der Andere, 85. (*A. d. Ü.*)
23 L. WENZLER gibt eine mögliche Übersetzung an: „Anders als Sein oder jenseits des Sich-Ereignens von Sein"; vgl.: Die Zeit und der Andere, 10, Anm. 2 (*A. d. Ü.*)
24 Doppelsinn von *être humain*: „menschliches Wesen" und „menschlich sein". (*A. d. Ü.*)
25 Illeität (*illéité*) meint ein „Sich-Loslösen des Unendlichen vom Denken, das es zu thematisieren sucht"; vgl.: Die Zeit und der Andere, 81. (*A. d. Ü.*)
26 Autrement qu'être ou au-delà de l'essence, 187.
27 Ebenda.
28 Vgl.: Die Zeit und der Andere, 67, Anm. 1. (*A. d. Ü.*)
29 Autrement qu'être, 187.
30 Amos 3, 8.
31 B. PASCAL: Über die Religion und über einige andere Gegenstände, Heidelberg 1954, 295, 451.

Passagen forum

Paul Virilio

Panische Stadt

In *Panische Stadt* führt Paul Virilio den Leser durch Paris – und erzählt dabei die Geschichte aller Städte; eine Geschichte, die sich allerdings als Tragödie erweist. War die Stadt einst Herz und Hoffnung der Zivilisation, so ist sie heute der Schauplatz von deren Zersetzung, Schauplatz kriegerischer und strategischer Auseinandersetzungen. Die jüngsten terroristischen Anschläge sind nur der sichtbarste Ausdruck dieses Wandels: Auch durch gated communities, bewehrte Shopping Malls, das ausgedehnte Netz der Überwachung, die Privatisierung öffentlichen Raums und nicht zuletzt durch die Massenmedien, die von geschürten Ängsten leben, werden die Städte nach der Logik der Panik rekonstruiert. Mit der neuen metropolitischen Kampfzone werden wir Zeugen eines in seinen Konsequenzen noch längst nicht absehbaren historischen Wandels: Die offene Stadt, Kosmopolis, weicht der Klaustropolis.

Passagen forum

Jacques Derrida, Hélène Cixous

Voiles. Schleier und Segel

Der vorliegende Band verbindet Reflexionen von Hélène Cixous über „Sehen“ und „Wissen“, sowie deren Verunsicherung, mit einem sich als „Reisetagebuch“ präsentierenden Text-Gewebe von Jacques Derrida über das Verdikt, Ver- und Enthüllung, Wahrheit, Weiblichkeit, das Sehen sowie den jüdischen Gebetsschal Tallith – und nicht zuletzt Seidenwürmer. Der homonyme Titelbegriff Voiles bringt augenblicklich die Fragen der Homonymie, der sexuellen Differenz und des Plurals ins Spiel: das maskuline *le voile* bedeutet „Schleier“, das feminine *la voile* „Segel“.

Ihre Verbundenheit geben beide Texte durch Anklänge an ein gemeinsames Genre zu erkennen: Autobiografie, Bekenntnis, Erinnerungen, sowie dadurch, dass Derridas auf einer Reise nach Südamerika Ende 1995 verfasster Text neben zahlreichen Lektüren (Bibel, Augustinus, Freud, Benjamin, Heidegger, Celan) ein bisweilen minutiöses Lesen des Essays von Cixous einschließt.

Passagen forum

Jacques Rancière

Der unwissende Lehrmeister

Der unwissende Lehrmeister Joseph Jacotot lehrt, was er nicht weiß, und verkündet die frohe Botschaft der intellektuellen Emanzipation: Alle Menschen haben die gleiche Intelligenz. Jacques Rancière zeichnet die Philosophie der intellektuellen Emanzipation nach und präsentiert sie unserer pädagogisierten und ungleichheitlichen Gesellschaft. Es handelt sich hierbei nicht um amüsante Pädagogik, sondern um Philosophie und, wenn man will, um Politik. Die Vernunft lebt nur von der Gleichheit. Die soziale Fiktion jedoch lebt nur von Rängen und ihrer unaufhörlichen Rechtfertigung. Die große Lektion von Jacotot ist, dass die Bildung wie die Freiheit ist: Sie wird nicht verliehen, sondern genommen. Sie wird den Monopolisten der Intelligenz, die auf dem Erklärthron sitzen, entrissen. Es genügt, sich selbst zu erkennen und in jedem anderen sprechenden Wesen dieselbe Fähigkeit anzuerkennen.

Passagen forum

Jean Baudrillard, Enrique V. Noailles

Gesprächsflüchtlinge

Im Dialog mit dem argentinischen Philosophen Noailles reflektiert Jean Baudrillard, einer der profiliertesten Kritiker der Gegenwart, seine Thesen, Grundgedanken und Begriffe der letzten Jahre. Das Gespräch dreht sich unter anderem um das retrospektive Echo des Ereignisses, die unerträgliche Gabe, das Klonen Gottes, das geimpfte System, das Leiden der Steine, den Neandertaler, die Genealogie des Verschwindens, die Abschaffung der Nacht und die prunkvolle Dysfunktion.
Nach seinen Aufsehen erregenden, fokussierten Analysen der Ursachen des 11. Septembers in „Der Geist des Terrorismus" und seiner Untersuchung der „Intelligenz des Bösen" liefert Baudrillard hier einen Überblick über seine Arbeit. Die freie Form des Gespräches erleichtert den Zugang zu Baudrillards Gedankenwelt und lässt uns seine Arbeit, ihre Motive und ihre Triebkräfte besser verstehen, als manch theoretische Abhandlung es je vermochte.

Passagen forum

Peter Engelmann (Hg.)

Philosophien

Philosophien versammelt eine Auswahl von Gesprächen, die Le Monde mit französischen Philosophen Anfang der achtziger Jahre geführt hat. Eine Einleitung gibt einen Überblick über wichtige Themen und Autoren der philosophischen Diskussion in Frankreich seit 1968. In den Gesprächen stellen die befragten Philosophen in gut lesbarer Form ihre Ansichten, ihre Themen und ihre Arbeit einem größeren Publikum vor. Wer wissen will, woher Postmoderne und Dekonstruktion kommen, kann auf dieses einführende Buch nicht verzichten.
Gespräche mit Michel Foucault, Kostas Axelos, Jacques Derrida, Vincent Descombes, André Glucksmann, Emmanuel Lévinas, Jean-François Lyotard, Jacques Rancière, Paul Ricoeur und Michel Serres.